人類學與現代社會

李亦園著

人類學與現代社會

新版目次

推薦序

當人類學於十九世紀末、二十世紀初在英、美逐漸發展成為一個有其獨特的研究方法、研究領域和課題的學科時，它研究的主要對象是所謂的「原始社會」。當時英國的人類學家開始整理、運用殖民地官員、傳教士、旅遊探險家們所蒐集的有關各地「奇風異俗」的資料，開始探討「原始社會」和當代歐洲社會文化的異同，以及原始社會如何進化成類似當代歐洲的「文明社會」。早期美國人類學者則以美洲的「原住民」——分佈在北美各地的印地安人的部落社會，為其研究對象。換言之，文化人類學初創期的主要研究對象是與歐美當代社會有許多不同的部落社會。選擇這些社會作為他們研究的對象有兩個主要原因，其一是這些社會的人口少、地域小，所以讓學者比較容易做一個全貌性的（holistic）的描述與分析。其二，與當時盛行的文化進化論（cultural evolutionism）的研究有關。學者們認為文化是由「簡單」而「複雜」，由「同質性高」的社會演變成異質性高的社會。因此，要重建人類文化進化的過程就必須先對簡單的「原始社會」有個透徹的認知與理解。

因為有上述的「創業史」，所以人類學常常被認為是一門研究部落社會的學科，不但一般人有這樣的印象，甚至於有一些人類學者也有這樣的看法與想法。當人類學在二十世紀初到中國的學術界時，這種以部落社會為研究對象的傳統也隨著這個新學科移植到中國的學術界裡。早期的中國文化人類學者大多以中國的少數民族作為他們的研究對象。這種現象在台灣也是一樣的，不管是日據時代的日本學者，或是一九四五年以後本土的、由大陸遷台的中國學者到了台灣以後，他們的研究對象大多是當時被稱為「高山族」、居住在台灣的南島語系的部落社會。這些歷史現象更加深了一般人以為人類學是研究部落社會的一門學科的印象。這種現象一直到一九六〇年代的初期，當本書的作者、我的老師李亦園院士開始從事鼓吹漢人社會的研究才開始有所改變。當李院士在一九六四年左右開始研究華僑社會及台灣的農村社會時，他開始用人類學的研究方法來研究「現代社會」，他的研究工作與成就扭轉了一般人對文化人類學的「偏見」，把「現代社會」重新歸納到人類學的研究領域之中！李院士的這本書除了用通俗的語言向一般的讀者介紹人類學的主要概念及當代的研究旨趣之外，更重要的是，他活用了人類學的概念，用它們來分析文化現象，讓讀者們不但可以領略一下人類學者們如何看待、分析正在他們周遭發生的社會現象，同時也對文化人類學的概念及著書當時盛行的一些人類學理論有一個比較深入的瞭解。

這次華藝數位公司重新出版李院士的這本已經絕版但仍廣受歡迎的人類學讀本，除了一方面為當代的讀者們提供一本通俗而又精湛的讀物之外，更重要的是「人類學與現代社會」所展現的一些分析、理解社會現象的理念，為生活在當前正在快速變遷的華人讀者們提供了一套分析理解社會現象的模式。

前俄亥俄州大學人類學系主任　陳中民

自序

我多年來一直希望能寫出一本通俗的人類學讀本，以便向一般讀者介紹人類學的一些基本觀念，以及說明人類學的研究如何可貢獻於現代社會生活。八年前，我曾經把過去寫的九篇文章集成一書，並用《文化與行為》的書名在商務印書館的人人文庫中出版。《文化與行為》一書雖然到現在已銷售了四版，但是朋友們仍然覺得它不夠通俗，而且偏重於人類學中一部分理論的說明，未能顧及其他方面；我自己也覺得與我所希望的通俗人類學讀本的理想距離很遠，所以心中始終念念不忘於這件事。本書的出版雖未能說完全達到我當初的想法，但無論如何總算能向朋友們和自己有所交代了。

本書共收十四篇文章，其中第二篇「人類學與現代社會」是專為本書而寫，所以也就用篇名作為書名。第九篇「人類學與人口問題」、第十篇「與學文學的人談文化」兩篇都是未經發表的近作。其他十一篇則都是先後在各期刊雜誌發表過的，因為大部分都與本書的主題符合，所以收集一起編印。在這十一篇舊作中，只有一篇——「科學研究與種族偏見」是民國六十年以前發表的，其他的各篇都是發表於六十年以後，所以都可代表我最近這五年來的想法。

本書的出版承多位朋友們的鼓勵與幫助，至為感激。朱維蘋小姐代為設計封面，一併致謝。

李亦園
民國六十三年十一月廿二日
於中央研究院

增訂再版序言

《人類學與現代社會》一書初版係編集我自民國六十年至六十三年底之四年間一些較通俗的人類學作品而成，因為大部分文章在闡述人類學與現代社會諸般現象的關係，所以就用《人類學與現代社會》為書名，由牧童出版社於民國六十四年初在臺北出版，其間又曾於民國六十五年及六十八年重印了兩次。

《人類學與現代社會》自民國六十四年初出版以來，已歷經九年多的時間，在這近十年的期間中，人類學研究的方向已有相當大的改變，特別是有關現代社會問題的探討，或者是說有關人類學的應用研究方面，更由於現代社會的快速變動，也有了很大的改變，新的領域不斷地擴大，新的觀念也不斷地形成，而本書初版第二章「人類學與現代社會」，所列的七項人類學知識應用於現代社會問題的範疇，已不足說明其全域，因此亟待補充擴大。在另外一方面，本書的出版者牧童出版社已轉移產權，不再重印本書，而我個人在今年春節期間一次特別的機緣中碰到水牛出版社彭誠晃社長，承他好意提出增訂再版本書的想法，我也就欣然接受這一建議。

增訂版的本書，除去保留原有的十四篇文章中的十三篇外，增加了七篇我最近期而未收錄在其他集子的一般性論文，計有「宗教人類學的實用性」、「從人類學觀點看經濟發展與生態環境」、「以人為中心的文化發展」、「當前青年次文化的觀察」、「科學發展的文化因素探討」、「近代中國家庭的變遷」、「人類學系列序言」等。在數量上約佔原書的一半，也就是說新訂版較初版書在篇數與頁數上都增加了二分之一譜，而在年代上則代表自民國七十年底至七十三年初之三年間的發展。

增訂版新增加的七篇文章中，前面六篇分別代表說明人類學對宗教現象、經濟發展與生態維持、文化發展、青年文化、科學發展以及家庭變遷各方面所能提供貢獻之處，因此在某一程度上補充了前面所說初版前述有關人類學應用領域之不足，但是在現代應用人類學的廣闊範圍之中，仍然有若干項目未能兼顧，例如公共政策、觀光旅遊、資訊傳播以及貧窮問題等等，都因我個人較少涉獵，未有專文論及，也就只好從缺，留待將來再謀補救。至於「人類學系列序言」一文的收錄於此，則是因為這篇序言對人類學理論的源流以及其在我國發展的一些現象作了探討，可以用來補足首篇有關「人類學領域」的說明，所以一併收錄以供興趣於人類學的業餘讀者之參考。

本書增訂版出版之時，適逢家慈林朝素女士八十五壽誕，謹以本書遙為祝慶。

李亦園寫於南港 民國七十三年三月廿六日

壹、人類學的領域

人類學（Anthropology）顧名思義是研究人的科學（The science of man），其研究的範圍包括「人」本身及其所創造的文化。人類學研究的人包括遠古的人及現代的人；人類學研究的文化包括遠古的文化及現代的文化，也包括「原始人」的文化及「文明人」的文化、自己的文化以及他人的文化（註一）。人類學既然是研究人的身體——研究它如何從人猿的共祖進化為現代人，以及研究人類如何適應不同的環境而形成種族的差異，所以人類學是生物科學的一支。但是人類學也研究人類的文化——研究人類的思想、語言藝術等等，所以人類學又是屬於人文學（humanities）的一支。可是研究人類文化的文化人類學家又常把人類看作是社會動物，而比較在不同社會中人類的不同生活方式，從這立場看，人類學又是社會科學（Social science）的一種。

晚近，很多人類學家認為他們研究的主要目的是要瞭解文化如何塑模人類的行為，因此他們認為人類學又應是行為科學（behavioral sciences）的一門基本科學（註二）。人類學的屬性既然是這樣複雜，其研究範圍是這樣龐大，所以人類學經常被其他科學家批評是一種「籠統性」的科學，而不同分支的人類學家之間經常也是意見分歧、方法雜陳。可是從另一角度看，就是因為它具有這種不同的屬性，所以使人類學對人類本身及其文化的研究較其他科學更有全貌性（holistic）和透視性（perspective）。

早期的人類學家受到生物學的影響較深，他們研究的趨勢著重於尋找人類及其文化如何從其原型進化到高級的階段的證據，所以在人類學的各支中，體質人類學（physical anthropology）、考古學（archaeology），甚至於語言學（linguistics）都是發展較早的學科，而文化人類學（cultural anthropology）或社會人類學（social anthropology）則是較後的發展。實際上現代文化人類學或社會人類學的在科學體系中佔有重要的地位，確是要等到進化論思潮的逐漸沖淡，而尋求文化原型之趨勢被研究行為與習俗如何真實存在於現存社會的潮流所代替時才形成。人類學家認為行為都具有一定的模式，不同社會的人各具不同的行為模式（pattern）。若干人類學家把行為模式看作是由許多風俗習慣所形成的，有些人類學家則把它看作是由許多人際關係所組成的，前者被稱為是文化人類學家，後者則被稱為是社會人類學家。但是不管是文化人類學家或社會人類學家，他們所能觀察的都是行為，而他們所追尋的則同是行為模式的法則。文化或社會人類學家為了要尋找人類共通的行為法則，所以把全世界不同的民族，不管是原始或文明，都把他們放在同一層次上作比較分析，這種不具偏見的觀點，卻又是體質人類學家在研究「人」時所提示的，這也就是前面所說的人類學具有全貌性和透視性的一個表現。

文化人類學家在比較各民族的文化時，他們注意不同民族的生活方式是如何形成的，既已形成的生活方式又是如何傳遞給下一代的；不同民族如何組成不同的人群關係以避免發生衝突，以及他們如何產生超自然的觀念以消弭心理的憂慮等等。從這些不同民族行為模式的比較研究中，人類學家體認到每一民族的文化各自成一個完整的系統；在我們自己的文化系統之外，世界上還有數不清的其他文化系統；我們自己的文化不一定是最好的，他人的文化也不一定是最壞的。這種體認在自己的文化之外仍有他文化的存在，在自己的種族之外能有他種族存在的觀念，又是人類學對人類作全貌性和透視性瞭解的另一表現，這也是人類學家對人類社會最重要的貢獻，也是人類學在其他社會科學或行為科學中所具的特色。現代人類學家大致都承認他們共同的目標，就是像Ina C. Brown 的著作標題及內容所示：是要瞭解他人的文化（Understanding other cultures）（註三），同時也只有瞭解他人的文化之後，才能像另一位人類學家Wendell H. Oswalt的小書標題及內容所示：瞭解我們自己的文化（Understanding our culture）（註四）。人類學家只有藉這種如吾國成語所說的「知彼知己」的方法才能做到瞭解「人」的文化。

由此可見，人類學家之興趣於原始民族的研究，並不僅僅是由於歷史傳統的緣故，而是有其理論及方法上的原因。人類學家一向被批評只注重原始的、簡單的文化系統的研究，而不注意文明社會的探討。其實這種批評是對人類學家有所誤解的。首先可說明的是人類學家由於歷史傳統的緣故，為了尋找人類文化進化系列上的最初階段，所以著重於初民文化的研究，但是除此之外，研究初民另有方法和理論上的原因。在方法上，因為初民的文化較為簡單，以之作為模型加以研究，則對文化機體與結構內容的作用較易於瞭解；在理論上則只有把初民文化包括在文化研究的範疇內，我們才能儘可能地把人類行為差異的幅度放到最大的範圍。何況，現代的人類學家，已不把他們研究的範圍僅限於初民或原始的文化，相反的，有不少的人類學家早已把他們研究的目標指向複雜的工業社會或文明古國了。著名的法國人類學家Lévi-Strauss曾經建議，人類學家在以文化的差異性作為他們研究的重心時，實際上不僅僅是要讓西方的人類學家來研究非西方或原始民族的文化，同時也應該讓非西方的及原始民族的人類學家來研究西方的文化（註五），Lévi-Strauss這一句話可以說道盡了人類學家研究文化的最高境界。

人類學家研究的範圍既然是如此龐雜，其抱負又是如此遠大，在這種情形下，如果要做到不被其他學科的人看作是籠統性的科學，最主要的事應該是注意其研究方法的改進。如前節所說的，人類學家習於研究原始民族：他們慣於一個人在荒遠的部落或僻靜的村莊中從事工作；他們參與到小村裡每一家庭的生活之中，從而觀察其生活的各面。由此，人類學家經常能極為詳盡地描述其研究對象的一切，甚至於他們生活最私密的部分。無疑的，這種被稱為參與觀察（participant-observation）的方法用在研究小村落時確是最有效的工具，可是，人類學家的目的是研究全人類的文化，包括原始的和文明的文化，因此在遇到較複雜的文明社會時，這種參與觀察的方法便受到很大的限制。這是很實在的情形，人類學家的研究方法除去被批評只適於較小社群的研究而不能用之於複雜社會之外，最常受到指責的是他們不喜歡用量化的方式來說明或分析所搜集的材料，所以這些材料不容易與其他地區所得的材料作比較，同時也不能為其他科學家們用來作進一步的分析。此外，人類學家又常被批評認為他們在證明假設甚而建立理論時，都不免失之於缺乏嚴格的處理方法，他們不但不能對若干變數作有效的控制，甚且分不清楚何者是自變數何者是依變數。對於這些批評，人類學家應該虛心接受；人類學家應該在方法論上力爭上游，應該多與其他行為科學家接觸，借用他們有效的研究工具，採用他們高信度的研究方法以為己用。但這並不是說，人類學家要放棄自己學科的特色，完全變成其他行為科學的一部分。相反的，人類學家一方面應該採用其他行為科學的方法，一方面卻又應該保有其學科的傳統特色，這種特色就是從文化的觀點來瞭解人的行為。不同的文化對行為的塑模有很大的差異，人類學家之有異於其他行為科學，就是他們能夠跳出自己文化的圍範，從客觀的立場來看其他的文化。在種族紛爭文化偏見愈演愈烈的今日，要維持世界的和平與安寧，首要的事就是要以客觀平等的態度去瞭解他人的文化，因此，人類學的知識不應該僅限於學院式的高深研究，實際上早應推廣到各級學校和一般大眾之中去了！

〔附註〕：

（註一）人類學的分科及其研究範圍如下：

- 人類學
  - 體質人類學（Physical anthropology）：研究人類的生物本質以及古代和現代人類的體質
  - 文化人類學（Cultural anthropology）
    - 考古學（Archaeology）：研究過去人類的文化
    - 語言學（Linguistics）：研究人類的語言
    - 文化人類學或民族學（Ethnology）：研究現代人類的文化

（註二）人類學在科學體系中的地位如下圖

（註三）Ina C. Brown, Understanding Other Cultures, 1963. Englewood Cliffs, N.J.: Prentice-Hall.

（註四）Wendell H. Oswalt, Understanding Our Culture, 1970, New York: Holt Rinehart and Winston.

（註五）Claude Lévi-Strauss, Anthropology, Its Ac-hievement and Future, Current Anthropology April, 1966.

——原載「文化人類學選讀」，民國六十三年底改寫

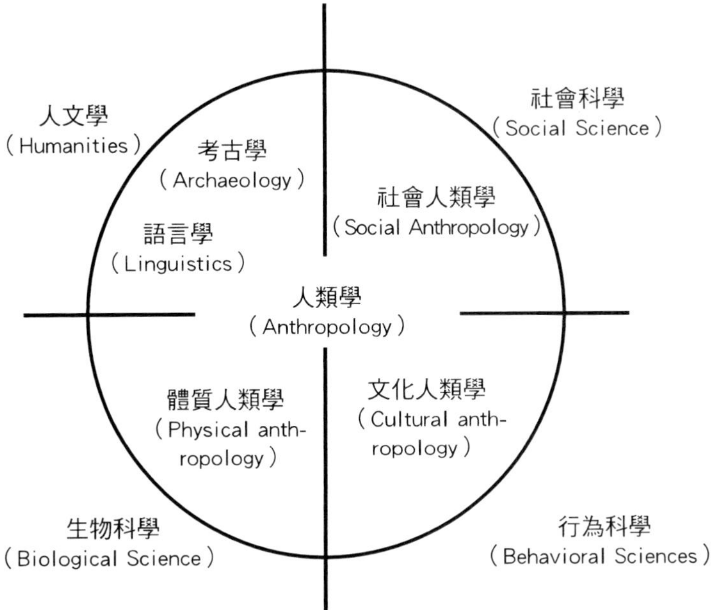

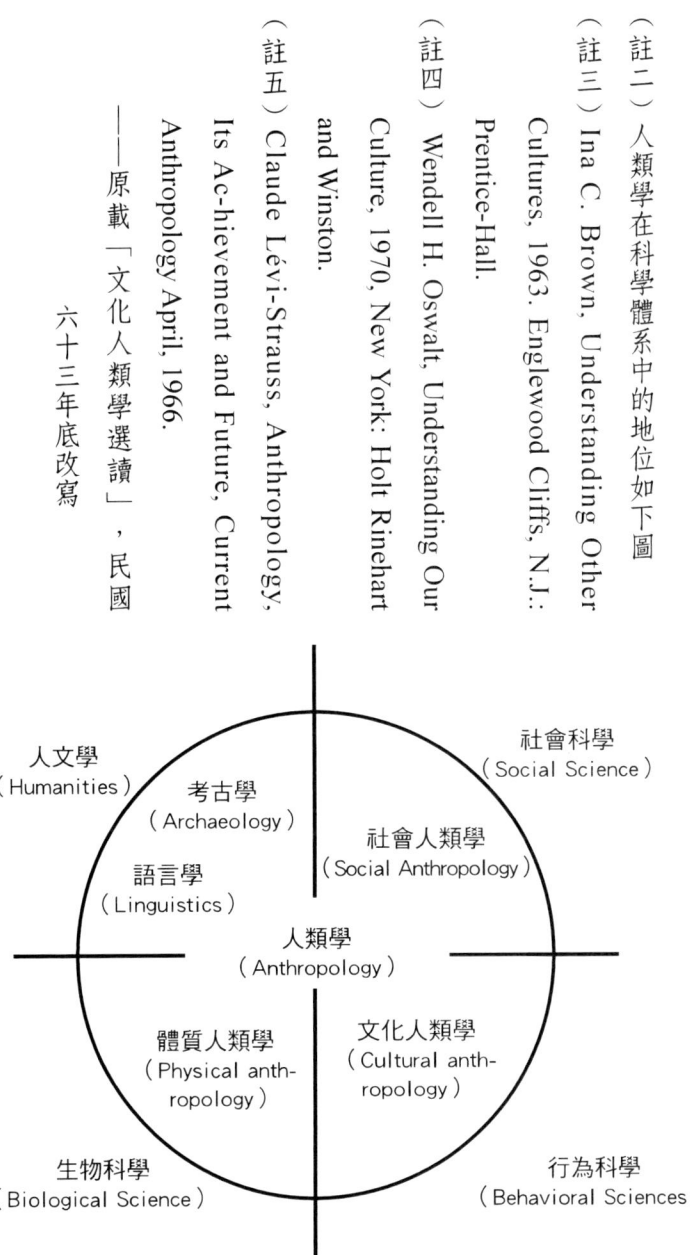

貳、人類學與現代社會

人類學是一種冷門的學問，一般人大致都不明瞭人類學是幹什麼的，即使對它略有所知的人，也都以為這是一門研究原始人或野蠻文化的學問，距離我們生活的社會非常遙遠，有的甚至認為這是一種供消遣的東西，專門研究奇風異俗以滿足好奇的心理。其實這些都是誤會，人類學以研究不同人群的行為與文化為目的，在他們以全世界不同民族為對象的研究過程中，經常有一些原理原則可提供作為現代社會生活的準則，或可幫助解決現代社會的問題。何況，人類學者現在並不以研究原始民族為足，他們經常擴大研究的領域及於現代的鄉村社會甚至於城市社區，他們也經常參與政策的決定以及各種經濟開發的計劃，他們甚至投身於工業關係與教育機構之中，這些行動已使人類學成為現代社會所賴以存在之知識的一環。其實並不僅如此，人類學家致力於研究人類的過去與現在，不分軒輊地分析處理原始和文明的文化，已使人類學成為向著名人類學家 Clyde Kluckhohn 所說的像一面鏡子一樣，可以反映人類本身的影像，使人類不但知道過去的自己，知道自己種族所有的子孫，同時也使他們知道這個種族將來應該走以及可能走的方向。本文的目的就是要說明（特別是對一般大眾）人類學對現代社會及現代生活所能提供的各種不同方面的貢獻。

一、與異民族相處之道

前文曾說過，人類學一向被人認為是研究奇風異俗的學問，這種看法雖略有偏見，但並非沒有原因的。人類學（特別是文化人類學或民族學）的形成本來就是與西方的殖民者要瞭解殖民地人民的風俗習慣民情有關；最初只是蒐集各地民族的生活資料以供殖民地政府之參攷，後來才慢慢地形成有系統的學問。人類學家在長久的與殖民地人民接觸中，對於他們的風俗習慣、生活方式、好惡之道常有深入的瞭解，這些知識不但可以供給殖民地政府在處理土著人民問題最好的依據，並且也使人類學家本身成為殖民政府與土著人民之間的橋樑，成為土著民族的發言人甚至保護者，在人類學的發展史中，這種例子屢見不鮮，其中最有名的故事是 R. S. Rattray 先生與西非洲黃金海岸 Ashanti 族（現在的迦納國）金椅子的失而復得。Ashanti 族是西非的大族，在英國人佔領其地之前，他們自己建有土邦，由世襲的國王統治。英國人在一八七三年滅了土邦，置為保護國，Ashanti人雖有反抗，但並不太激烈。可是自一八九六年起因為英國總督企圖取得 Ashanti 人傳國之寶——一把金椅子，遂使殖民政府與土著之間繼續了二、三十年的混戰，使兩方都困疲不堪。後來在一九二一年人類學家 Rattray 以他對 Ashanti 人的瞭解，向英國當局提供意見，終於很快地結束戰爭。原來 Ashanti 全族把那一把金椅子當作極神秘的東西，傳說這把椅子是從天而降，代表 Ashanti 全族的靈魂，並與全體人民的健康福祉息息相關，所以每年要抬著出巡全族的領地，土王們對它也極為尊重，平時珍藏於宮中，不敢真正坐它，更不是當做寶座之用。一八九六年時的一位英國總督頗自作聰明，認為假如把這把 Ashanti 人視為至寶的椅子據為已有，並把它當做王座一樣坐於其上，則可使族人聽命於他了，沒想到 Ashanti 人一知道總督要把他們的「國魂」置於股下就大為激怒，趕緊把金椅子埋在一秘密之處，而群起與搜索椅子的英國軍隊爭鬥了。Rattray 先生來到 Ashanti 後，發現二、三十年的慘烈戰爭只是因為不同文化間的一種誤解而已，於是向當局說明 Ashanti 族人所珍視的金椅子雖有椅子的形式，但是其涵義與英國人的throne（御座）並不相同，要統治 Ashanti 人並不要坐在此「寶座」上。他建議總督立刻下令取消取得金椅子的企圖，果然不久 Ashanti 人的反抗行動就平靜下去了。

Ashanti 人和金椅子的故事很明顯地說明不同文化的立場所產生的誤會與困境，而人類學家因為對土著民族風俗民情的瞭解，經常能輕而易舉地協助行政當局解決因為文化隔膜所引起的糾紛。利用人類學對其民族的知識作為治理殖民地的依據者最早應推英國，早在十九世紀八十年代人類學之父 Edward Tylor 即鼓吹此一觀點，而英國殖民官員訓練也早就設有人類學課程。一九〇一年African Society 成立於倫敦，即以「瞭解非洲人而治理非洲」為努力目標。到了二十至三十年代人類學家被聘為殖民地作顧問的已甚為普遍，前述Rattray是其中之一，其他如 J. H. Hutton 在印度，E. E. Williams 在新幾內亞、G. G. Brown在東非都是著名的例子。時至今日，仍然有稱為「政府人類學家」（Government anthropologist）的存在於少數僅存的殖民地或託管地中。其他歐洲國家如荷蘭、比利時和法國，亦有相似情形，殖民官員接受人類學訓練或人類學家受聘為顧問都是常見的。

在美國人類學知識被應用於處理異民族事務自然與紅印地安人有關；三十年代印第安事務局（Bureau of Indian Affairs）在其局長 John Collier 支持下，人類學家 S. Mekeel 等人即以其對印地安人的瞭解，建立了很多長久性的治理「紅蕃」的計劃。二次大戰後，美國政府因受聯合國託管太平洋密克羅尼西亞群島，因而聘用許多人類學家作為顧問；在這個託管群島中美國政府最多曾聘請七位人類學顧問，其中一位「首席人類學家」和六位「區域人類學家」以協助託管當局處理密島人事務。這些人類學顧問一方面提供解決土著與行政當局間種種問題之道，另一方面也對行政當局的措施予以評價，其中最重要的事項是對美國式民主政治施之於島民的估評。密克羅尼西亞群島的島民都屬於馬來玻利尼西亞語系的民族，他們固有社會組織的特徵是原始的貴族統治；每一島上的酋長不但是政治領袖，同時也是宗教首領，他受所有子民的尊敬，而成為他們精神上的寄託。自從一九四五年美國接受託管該群島後，美國政府對該群島治理最重要的政策之一，是介紹民主政治，他們希望民主政治的思想能逐漸在此生根，最後可依據民主制度使密島人得到獨立。美國人在推行民主政治之初，極力避免破壞原有的政治系統，他們一方面保存固有的酋長制，一方面又進行自由選舉，包括選舉「議會代表」和「鎮長」；這兩套不同的系統各有其職掌：舊的酋長仍負責原有的事務，如土地分配、婚姻、法律仲裁等；新的鎮長則管理新的事務，如收稅、建設、發執照以及辦理與美國人的交涉等等，這樣可說是職掌分明，甚至可稱是分工合作。但是美國行政當局沒想到問題並不在於職務上，而發生在兩種組織在原則上的背馳；密克羅尼西亞土人對美國式的民主政治不感興趣，他們根本不瞭解自由選舉對他們有什麼益處，所以、在選舉時很少人出來競選，而一般被選為鎮長的在固有的社會組織中都是地位低微的人，酋長及有身分的人是不屑於競選的，因此在制度上鎮長與酋長雖是平行的，但是沒有人看得起鎮長，而鎮長與酋長外出時，鎮長常成為酋長的跟班（在原有的制度中他確應服侍酋長），當高級長官來島巡視時，鎮長則成為「跑腿」的人，在這種情形下他的權威自不免受到很大的損減，而他所代表的民主制度也隨之在密島居民心中失去信心，因此有人懷疑民主制度的「移殖」到此不知到何時才能生根，一部分的人類學家甚至懷疑這種「移殖」的政策是否有必要，一部分人類學者則認為在未得密島土人的真正瞭解與同意之前，移殖新的制度是相當危險的事，這種危險產生在不瞭解別人文化的本質，卻又硬要把自己的一套按在別人身上！

前面所說的人類學家利用其知識協助處理異民族的例子都是相當具有說服力的，但是有人要問，在今日以至於將來的世界裡，殖民地管理或異民族治理的事將逐漸成為過去，那麼人類學的這一套將用到那裡去呢？這一問題似是而非；人類學家對異民族異文化的瞭解與體會，在特定的範圍內可以用作治理異民族的準則，但在一般的情況下實際上是一套與異民族相處之道，所以在本世紀六十年代以後，殖民地逐漸消失，但人類學家對異民族異文化的基本觀念卻繼續發展，並且成為現代社會繁榮幸福生活的重要原則。人類學家從「全貌性」的觀點（holistic view）去瞭解文化，他們發覺人類的不同民族從一開始就各自發展一套生活方式和價值觀念，這是人類營群體生活以調適某環境所必然產生的結果；人類營群體生活並調適環境所產生的生活方式和價值觀念就是文化，每一個民族對他們的文化傳統都非常看重，因而常常拒絕威脅文化傳統存在的變動；只有這一民族的人自己可以判斷何者是他們價值系統中最重要，何者是威脅其生存者。此因人類學家著重於發現一個民族的何所需、何所懼。文化的差距是這樣大，實不容許我們對別個民族的需要與恐懼有所臆度。人類學家以為要瞭解人就應瞭解人類所有不同與差異，要瞭解人就是要把他們當「人」。對於異民族我們不能用我們的好壞來評斷他們，我們不能自以為是而強要按之於他人身上，這就是人類學家與異民族相處的基本觀念。在今天的世界裡，所有的戰爭與糾紛，大半都由於種族衝突所致，人類學家假如能對這世界有所貢獻，就在於提供與異民族相處之道，這種「道」假如能為世人所體會，放棄他們對別人的偏見，世界的繁榮安樂才有預期的可能。

二、文化模式與國民性研究

第二次世界大戰開始後，人類學家與行政當局間的合作轉入另一個範疇，其活動因而更趨於活躍。在二次大戰中，不但海外作戰的士兵要給予人類學基本知識的灌輸，以便使他們能熟識太平洋以及非洲作戰地區的風土人情，而且美國國務院及各國外務部的官員也極需人類學家提供敵國或同盟國的資料，以作為戰略運用的根據。所以著名的女人類學家 Margaret Mead 在一九三九年從南海小島返回美國時，曾發表了一段慷慨激昂的話：「我歸來時正逢整個世界處於戰爭的邊緣；我確信當前的任務是儘可能貢獻我們所知給我們的社會……人類學是為『人類』而有，而非『人類』因人類學而存在。」

Mead 和她的老師兼知友 Ruth Benedict 很早便從事於文化與人格的研究，Benedict 更創造文化模式（culture Pattern）的觀念以研究文化的結構。當戰爭開始之時，他們響應政府的號召，參加對敵國國情的研究，利用他們所鑽研的文化與人格理論，以及文化模式的觀念，從事對日本、德國、義大利，甚至對俄國的研究，參加這一行列的人類學家和心理學家甚多，其中最著名的有 Geoffrey Gorer，George Bateson，Clyde Kluckhohn，Eric Erikson，Alexander Leighton 等，他們確曾以其所得，提供許多重要資料，以作為軍事、外交上運用的參考，其中最著名的例子，莫過於在對日本戰爭的初期和末期，人類學家以其對日本民族性深入的瞭解，為美國軍事當局解決了兩件重大的事情，下面分別說明這兩件類似故事的例子。

當太平洋戰爭開始時，五角大廈的軍事將領們一般都認為日本俘虜沒有任何可利用之處；他們以為日本軍隊在作戰之時，經常表現出近乎瘋狂的行為，其勇敢忠心的程度，幾乎無法使西方人相信，所以美國軍方直截地判斷認為這樣的士兵絕對不可能在被俘後替美國軍方工作，可是人類學家認為軍方的判斷有誤，他們認為美軍將領們完全不懂日本的民族性，而是以每國人的觀念來判斷日本人的行為，因而產生很大的錯誤。人類學家勸告美國軍方不可堅持己見，應該試試日本俘虜作為宣傳或套取情報之用，軍方在人類學家的勸告下開始利用日俘為美軍工作，出乎他們意料之外，許多日軍被俘後完全失去其兇猛的性格，很能與美國合作，供給情報，擔任傳譯、做廣播員勸告死守孤島的同伴出降，甚而隨美機飛日本指點軍事目標，有些日俘竟可能在被俘四十八小時內為美軍工作。這些行為對於不懂得日本民族性的軍事將領來說，真是不可思議的事，在戰場上那樣近乎瘋狂的士兵，被俘後竟能立即為敵軍工作。對於熟知日本人性格的人類學家則不以為奇，因為他們知道日本人行為的表現很受「處境」不同約束，在某一處境之下，他們可以表現英勇狂熱，但改變另一處境時，則可表現另一種行為；當他們是「大日本皇軍」時，他們盡忠於天皇，表現大無畏的武士精神，可是當他們被俘後，他們認為已失去作為「皇軍」的資格，他們已不是天皇的子民，他們也不再是日本社會的一份子，因此他們隨時可以在另一處境為美軍工作。日軍被俘時，大都宣稱他們是在無意識下被俘的，因為是無意識所以自己可以不負責任，因此他們可以在另一處境下為美軍擔任各種工作而不覺得內疚了。

日本人的這種「處境的」（situational）行為，與西方人較絕對的行為標準是頗不一樣的，人類學家的任務可以說是擔任了溝通或翻譯的任務，使美國軍事當局可以「讀懂」日本人的行為意義，同時也幫助美國當局做下一件更大的決定，那就是關於原子彈投擲的事。當原子彈在廣島投擲之前，美國當局未敢肯定投擲原子彈是否應該，人類學家也恰在此時提出日本人的「處境行為」這一觀念，他們認為只有改變處境，才能使日本人考慮投降。原子彈的投擲可能使數十萬人死亡，但只有原子彈的這一威力，方能改變整個戰局，也就是改變處境，否則繼續進行傳統戰爭，不知要有幾百萬美日士兵要陣亡，數百萬甚至千萬的日本平民要傷亡，以千萬人之數來比較數十萬眾，自然是值得做的事，因此美國當局很毅然地決定投下原子彈以求戰爭的早日結束。

人類學家以其對「文化與人格」理論的掌握，確能對一個民族的性格有「傳神」的刻劃，除去對日本的民族性的研究，另一個著名的例子是對泰國人的研究，康奈爾大學的 John Embree 教授曾以「鬆懈結構的社會」（Loosely structured society）為題描述泰國人的性格，他認為泰國人的性格是一種鬆懈、散漫和個人傾向的，比起日本人來泰國人就顯得較不注重規律，不講究團體的一致性。換而言之，泰國人不強求個人對社會準則刻板化的遵從，因此表現在行為上就顯的鬆懈、散漫，甚至各行其是。泰國人家庭關係表現就很鬆懈，親子間的權利義務也不明確；同住一村落中的人際關係也經常表現出不知道該用什麼方式來處理才好，在某一情形可以表現親密，但在另一情況又可以顯得疏遠。在學校裡，教師對學生的規範也經常模稜兩可，很少要求學生穿一致的制服。泰國人甚至連作詩都不喜押韻，每個詩人都有他自己的一套。這種性格表現在政治上也顯出其特別之處；在王位的承繼上表現得沒有定例，有時候父子繼承，有時候兄終弟及。著名的泰王拉瑪五世朱拉隆功王逝世時，國喪的儀式竟莫衷一是，每個大臣有他一套意見。在對外關係上，泰國人也始終表現搖擺不定的狀態，但是這種搖擺不定的政策（實在不易說是政策），卻也幫助泰國人渡過很多難關，十九世紀英法兩國在中南半島上的相爭，泰國不肯定依附那一方，因而得以保存其獨立，不似緬甸與越南之淪為殖民地。在二次大戰中，泰國的政策也不穩定，先是偏向軸心國，得免真正為日本人所佔領，戰爭後期她又傾向同盟國，因而不致有戰敗國的困境。對於泰國人這種特性的認識，在今日東西冷戰和動盪不安的世局中，很可以作為外交政策上運用的參考。

人類學對國民性的研究，如上文所舉的例子可看出來，不但在戰時對敵人的戰略上有所貢獻，同時在平時也可作為處理親睦或敵對國家關係的參考。在今天東西兩陣營對立的局勢下，對俄國人性格的瞭解，也是一件很值得重視的事。社會人類學家 Alex Inkeles 和他的同事們會研究三千個被德國人所俘而不願遣回本國的俄國人，因而對俄國人的性格也有相當精采的刻畫。Inkeles 用五個主要的特點來說明俄國人的性格：

（一）親和的需要（Need of affiliation）很高，最少比一般美國人高。所謂親和的需要就是在性格上表現需要與他人有親密的關連，人際關係的交往密切的傾向。

（二）依賴的需要（Need of dependence）也很高。所謂依賴的需要是指個人態度與行為表現依賴他人的趨勢。依賴需要與前述的親和需要經常伴隨而出現，因為這兩種需要實可看作是一件事情的兩面，企欲與他人有親密關係的人，經常就會表現依賴於他人。

（三）口慾的需要（Need of orality）也相當高。口慾的需要表現於食物的滿足與言語的表達上。

（四）羞恥的處理（Handling of Shame）表現於道德方面重於責任方面。羞恥的感受可以分為道德的和責任的兩方面；一個人因違背了社會的道德規範而感到羞恥屬於前者，一個人如因沒有完成本身應完成的工作而感到羞恥即屬後者。換而言之，俄國人較重視在道德上的錯失，而較忽視責任上的差錯。

（五）權威影像（Imaage of authority）是父母的投射。俄國人對長官、上司和權威人物很服從，但他們對權威人物的影像是屬於溫和、親切，如同父母一樣，而非嚴格，缺乏親切感一類的人物。

Inkeles 等人所研究的俄國人性格，因為是從戰俘身上得到的資料，所以不免為人所批評，認為是有樣本上的偏見，因為戰俘而拒絕遣返本國的人，在性格上未免表現一特別的趨向，所以並不一定能代表全體俄國人的性格，同時全部樣本都是男性，也是一種樣本的偏差。但是無論如何，Inkeles 的研究總是顯示了不少俄國人性格上的特點，這些特點最少可供我們研究俄國民族性的出發點，使我們能進一步去瞭解俄國人的性格，然後能在知己知彼的情況把握勝券。

其實人類學家的研究民族性也不僅限於瞭解別的國家、別的民族，人類學家也經常研究自己的民族性，提供自己作深省的資料，以便在計劃未來的步驟上以及估量現在的工作上有所參考。我國旅美人類學家許烺光先生就是以研究中國民族性頗受到稱道。許先生有關中國民族性的著作甚多，其中最重要的有「祖蔭之下」（Under the Ancestor' s Shadow: Chinese Culture and

Personality, 1948），「美國人與中國人」（Americans and Chinese, 1965, 1972），「氏族、階級與俱樂部」（Clan, Caste and club, 1963）以及他所編的兩本書「心理人類學」（Psychological Anthropology: Approaches to Culture and Personality, 1962）和「親屬與文化」（Kinship and culture, 1971）所載的長文。根據許先生的研究，中國的社會結構是以家庭為基礎，家庭中的成員關係是以父與子的關係為主軸，其他的人際關係都是以此主軸為出發點。父子的關係不但發生作用於家庭之中，而且擴及宗族，乃至於國家。中國古代的君臣關係實是父子關係的投射。由於中國社會的背景所孕育，中國人的性格因素首先是服從權威和長上（父子關係的擴大），再則是各守本份。生存於宗族關係極濃的情況下，每一個人各有其一定的地位和關係，在這一種關係中，個人不必也不能表現自己的才能，所以中國人的性格較趨向於保守和不喜變遷，不鼓勵個人的表現；再進一步而言，由於個人始終生活於濃厚的親族關係圈中，因此就養成一種相對的宇宙觀，這也就是一般所說的中庸態度。

許先生所刻畫的是較早期傳統的中國人性格，最少他所根據的材料是較早時代的，我們最近也做了若干有關我國民族性的研究與討論（參看李亦園、楊國樞：中國人的性格——科技綜合性的討論，民國六十一年），我們覺得許先生所描述的中國人性格中有些基本特點能深根柢固地保存在現代中國人之中，尤其是權威性格、家庭觀念以及相對的宇宙觀等最為明顯，這些特別的性格在現代化的過程中有些是相當構成阻礙力的，有些則是長遠的過程確有可能成為最合調適性的因素。下面就這些點再作申論。

所謂權威性格（authoritarian personality）通常說來包括幾種特徵：

（一）不加批評地服從權威。

（二）相信命運。

（三）嚴格、遵從習俗，不輕易變遷。

（四）認同於有權力的人。

（五）耽溺自我想法，過分維護自我尊嚴。

（六）二元價值判斷。

這些特徵顯然都不是能夠適應現代社會生活的，假如我們要把我們的社會很快的帶上現代化的路程，這種權威性格的特徵非努力加以改變不可的。另一點關於家族觀念的特徵，也很明顯值得考慮的。家族觀念本身並非一個不好的特徵，但是家族觀念的過分擴大則就妨礙到現代化社會的發展了。用很簡單的例子，就可以說明這一點。在一個現代化的企業機構中，人事的安排都要唯才是用，因為每一職位都要有其特殊技能與知識，只有具此技能與知識的人才能達成任務，而整個企業也只有所有職位的人都稱職的情況下才能發展。在家族觀念太濃的情況下，用人不能以才能為選擇標準，而經常以親疏關係為依據，如此則會產生無才能的人居其上，或者缺乏專門知識的人尸其位，整個企業就無法正常地發展。在現代化過程中，我們如要社會正常地發展，尤其是要企業組織和經濟結構走上現代化的路，那麼家族觀念的無限擴大總要想法制止才好。

另一點說到相對的宇宙觀。這裡所說的相對宇宙觀是指把人與自然以及時間的因素看作是一個大系統下的一部分，這些部分的相對配合形成和諧關係才是合理之道，這種宇宙觀很可能是人類種族進化過程中最能調適的態度，要清楚地說明這一看法，恐要留到本文的最後一節，看整個人類前途時再討論之。

三、人類學與公共衛生

不同文化的人對於健康、疾病或衛生有不同的看法，現代醫學的種種觀念與技術雖是科學的產物，但是它所代表的仍然是西方文化的精神，因此常常與非西方人的觀念發生衝突，而對異民族文化有體認的人類學家就是在這種情形下能貢獻其知識於人類社會的健康、衛生等方面。

事實上人類學家對於在落後地區或開發中國家公共衛生、健康計畫、家庭節育的推行曾經提供很多重要的意見。人類學家根據其在各地區的經驗，認為推行任何衛生醫療計劃均先應注意兩項基本的問題，其一是當地社會對疾病或衛生的基本態度與觀念，其二是推行公共衛生組織本身的想法及其與當地人的關係，這兩方面都是與計劃推行成功與否息息相關的。

在推行公共衛生之時，人類學家首先促請衛生專家注意的是各民族對「清潔」這一基本的觀念就有相當大的差別，用若干簡單的例子就可以說明這一點：在菲律賓的若干族中他們認為流動的水才是清潔的，不流動的水就是不潔的，因此他們拒絕開井以供水飲用，而不顧衛生推行人員告訴他們河水常因上游的人倒棄髒東西污染不能汲取的忠告。印度若干村落的人做任何有關清潔的事都要把雙手洗得很乾淨；每餐飲食之前要洗手、接待客人要洗手、做各種祭祀要洗手，但是女人去抱嬰兒時卻可以不洗手，因為他們認為育兒的事是不潔的。從這兩個例子我們就可以明瞭在不同的文化範疇下推行衛生或醫療計劃是有多大的困難，單單在基本清潔觀念方面不同的民族就有這麼大的差距，其他實質方面的差異自然就更大了。

在推行公共衛生時，注射預防針以預防傳染病的蔓延是最重要的工作，但預防針的注射在各民族中接受與否就大有不同。有很多民族有身體刺紋（tattoing）的風俗，所以對於注射預防針以避免疾病可以接受，因為刺紋和注射都是用針刺於皮下的。可是也有許多民族對各種傳染病預防針的注射都避之惟恐不及，在緬甸泰國北部的一些民族甚至舉村遷移以避開公共衛生入員的強迫種痘。另一種公共衛生人員常遇到的困難是關於身體檢查的問題，有許多民族對身體排泄物很看重，怕被別人拿去做黑巫術加害之，所以絕不願把排出的糞便給衛生人員作檢查用，在新幾內亞當土人的糞便被取去化驗時，他們便不肯離開衛生站或醫院，堅持要看工作人員當面檢查給他們看，有些工作人員拒給土人當面檢查的要求，土人們竟打破玻璃門把他們的排泄物搶回去了。最可笑的例子，莫過於伊朗農夫與DDT的故事，當衛生人員在村中噴射DDT以驅走蚊蟲蒼蠅時，伊朗的農夫們最初接受之，但後來又加反對，反對的理由是蚊子和蒼蠅沒有了之後，他們清晨都起得太遲而不能及時到田地工作，因為從前在天亮之前蚊子和蒼蠅可以把他們從夢中鬧醒過來！

在醫藥治療方面，工作人員所碰到的困難更大，很多民族有他們自己一套的「病理」，也有他們自己的治療原則，其中大部分都與超自然的因素有關，衛生人員施行治療工作時如與固有的觀念有衝突或不能配合之處，其困難與麻煩就大了。有些民族對身體存在的觀念很特殊，有時並不與超自然信仰有關，只是他們自己的一套宇宙觀，但是這一套觀念卻可影響醫治身體的方式很大。美國西南部的那瓦荷（Navajo）印地安人認為健康的意義就是身體內部與外界維持一種和諧的狀態，疾病就是這種和諧的破壞。他們認為身體本身的和諧表現於肢體部分的完整無缺，身體如有殘缺即是和諧的不存在，和諧不存在即無生存的意義，所以很多那瓦荷的土人都不能接受西式醫院的外科手術，甚至受傷的那瓦荷士兵，也堅持鋸去一臂或一腿是不可思議的，他們覺得失去手足的人，哪有再生存下去的道理。很多民族對食物和藥物都有特殊的看法，經常與西方醫學上所講究的營養頗有距離，中國人把食物和藥物分為冷熱兩大類，就是一個明顯的例子。醫療和衛生人員對於這些各民族保有的傳統假如不能瞭解，經常就會碰到預想不到困難，而人類學家就是在這種情形下提供他們專門的知識，說明如何可以配合原有的習俗，然後把公共衛生和醫療計畫推行的更有效。

在另一方面關於衛生醫療機構本身的組織和當地人的觀念是否可配合，也是推行公共衛生重要的因素。我們可以舉 Inter-American Affair Institute 在拉丁美洲推行公共衛生計劃為例。Inter-

American Affair Institute 這個機構成立於一九四二年，是美國政府協助拉丁美洲各國發展教育、農業和公共衛生的國際組織。這個組織的工作在公共衛生方面最有成效，公共衛生的工作包括衛生教育、環境清潔、控制特殊傳染病及預防醫學等，其中最重要的計畫是在城市或鄉鎮設立衛生所以負責推行其事。Inter-American Affair Institute 在它成立十年時曾舉行一個大規模評估工作，除去他們自己的工作人員之外，他們又邀請同樣在拉丁美洲各國做研究的史密遜研究院（Smithonian Institute）社會人類學研究所（Institute of Social Anthropology）的五位人類學家參加估評的事。人類學家對衛生所的組織和功能有最中肯的批評。他們認為在拉丁美洲各地所設的衛生所實際都是依照美國式的公共衛生所的形式，因此頗不合拉丁美洲人民的需要。美國人的診所大都是私立的，其功能在於治療疾病，而衛生所大都是公立的，其職責在推行預防工作。在拉丁美洲所設的衛生所因此也以推行預防工作為主，但是在拉丁美洲診所和醫院很少，即使有也很多是收費高昂的，所以拉丁美洲的人期望於衛生所的是治療重於預防，因為人民在貧困的狀態下只求得目前的病患痊癒，尚難注意將來疾病預防的問題，所以人類學家建議這個組織應該把衛生所改為治療與預防並重，以符合當地人民的需要，以便使整個計劃更成功。

在很多其他地區，公共衛生機構的組織能否與當地觀念相符，也常顯出是問題關鍵所在。在非洲一些地區中老人地位較高，老人的權威很受尊重，相對的年輕人則不易受人崇敬，所以在公共衛生機構中如醫療人民年齡較大，則推行工作較易，如由年輕人主持其事，則其機構就很少有人問津了。在另一些地區，男性治療人員常不受歡迎，因為看病的人以婦女兒童較多，特別是婦產醫療方面，男性人員更是受到最大的排斥。西非洲有些地方衛生所發生的事更奇怪，政府為了要推行衛生健康計劃，所以所有的治療醫藥都免收費用，但是人民並不喜歡這樣，因為他們相信沒有付錢的治療是治不好病的，政府沒辦法，只好接受建議宣布所有的醫藥費用已在稅賦中收取了，而人民才肯到衛生所去就醫。

人類學家對文化的瞭解也使他們對人類精神疾病和精神健康方面有所貢獻。人類學家對精神不正常的現象有二項觀念上的貢獻。第一，由於人類學家研究的對象是以非西方的民族文化為主，他們把從前以西方文化為中心的精神病症經驗擴大甚多，他們發現所謂精神病症在不同民族中有不同的標準，在某一民族中被認為是不正常或變態的，在別的民族中都認為是正常的。換而言之，精神異常與否經常是相對的意義，在不同的文化脈絡中，有不同的判斷尺度。第二，人類學家在他們對不同文化的廣大知識中，發現不同的文化背景可以產生不同的精神病症，若干特殊徵候的病症，只出現在若干民族之中，其最著名的例子如齊巴華印地安人（Chippawa Indian）的Windigo 吃人精神病、馬來人的 Amah 和印尼的Latak 精神病即是。不僅如此，不同文化脈絡中，同樣精神病出現的頻率、年齡及性別分佈也頗有不同，只有瞭解文化結構的人類學家能對這些問題提供其專門知識的意見。下文擬以新加坡各民族不同精神病患的情形為例子加以說明。

新加坡是一個多元民族的城市，居民的成份甚為複雜，其中以華人為最多，約佔百分之八十，馬來人次之，約佔百分之十一，印度人又次之，約佔百分之七，其他則有歐洲人及歐亞混血兒。新加坡醫院精神醫師墨菲（H. B. M. Murphy）是一個深受人類學影響的人，他研究華巫印三族（巫人即是馬來人）的精神病症時，發現三族中精神病患出現的頻率頗有差異，在年齡及性別的分佈上也各有獨特的形態，而且這種現象都可以找到其與文化社會關連的地方。華巫印三族的精神病例（住院例）的比率是這樣的：印度人最高，其總數二倍於華人，華人次之，但其病例也二倍於最少患精神病的馬來人，換而言之，馬來人精神病例最少，僅及印度人的四分之一。這種比例很容易從三族的文化形態加以瞭解。馬來人的社會是雙系社會，家庭中對兒童極為愛護，兒童教養及行為規範較鬆懈，所以兒童養育過程中很少引起挫折和憂慮。在成年的生活中他們不鼓勵激烈的競爭，他們沒有不「出人頭地」的恐懼，同時他們對物質生活看得那麼輕，他們在聲色娛樂中永遠保持愉快樂觀，所以他們不易出現精神崩潰的例子。華人是新加坡主要的居民，他們幾乎可以說是生活在海外的中國社會中。華人保持中國傳統文化和社會特性很完整，他們受到文化的約束力雖然很大，他們的職業競爭很激烈，而「出人頭地」的念頭很普遍，但華人社會的各種社群，從家庭到同宗會，從同鄉會到同行的職業公會都是個人所可依靠的處所，這些團體所給予的支持與安慰，足夠減輕文化所造成的另一種壓力，所以華人的精神病多，但都遠較印度人為少。印度人兒童時期所受的教養方式在初期較鬆懈，但後期都轉為很嚴格，因此所受的心理挫折很大。青年及剛成年的人受到父權的壓力很重，同時社會上職業的競爭也非常激烈，且又缺乏社會團體可以作為互相支持的依靠，所以造成印度人心理的憂慮很大，因而在三族中精神病患的比例最高。

在精神病患的年齡分佈上，華巫印三族有一共通點（雖然其頻率各有不同），即年齡在五十至六十以上患精神病的比例就愈來愈少，這種情形與歐美所見的情況恰巧相反，這是很有趣的現象，這一現象在華印二族中雖可以用父系父權以及老年人地位受尊重的文化作解釋，但對雙系的馬來人則不適用。我們也許可以說，馬來人的樂觀知命、不作激烈競爭，應該是他們的老年人不像歐美的老年人易患精神病的原因。至於精神病的性別分佈，華族中男女比例的曲線大致相似，但巫印兩族的女性患病比例與男性差別頗大，特別在四十歲以後，女性出現病例突增多，這一現象被認為與女性更年期的心理轉變有關。至於在華人社會中，因家庭糾紛的中年婦女常可在寺廟、齋堂或其他單身婦女的共同生活團體得到庇護，所以華族中年婦女較馬來人印度人患精神病者為少。印度人和巫人另一與華人相異點是在於十二至二十歲的患者在男女兩性上都比例地多，這也可能是由於家庭中兒童教養方式所致，印度人先是放縱後嚴格的教養方法易使成熟期少年發生挫折現象，馬來人則由於早期兒童生活不受拘束而太容易，所以到了自己要負起生活的責任時就不免徬徨而憂慮了。總之，新加坡華巫印三族精神病患的情況也許比我們前面所解釋的更為複雜，或者是更多因素互相牽連，但是文化的因素造成這些差異則是無可否認的。人類學家指出這些引起精神病患文化因素的脈絡層次，無疑地對精神健康的維持有很大的益處，最少很可補充只注意生理現象的醫學者的不足之處。

人類學的研究對人口問題也有其獨特的貢獻，人類學家對生育行為、子女價值、家庭計劃方面經常提供其對某一民族特有模式的研究事例，或提供許多民族的泛文化比較材料以供人口學家或家庭計劃人員的參考，關於這一部分，請參照本書第玖篇的分析。

四、技術變遷與經濟發展

第二次世界大戰以來，全球許多地區和國家的社會文化都起了空前的變化，這種變化一方面是由於西方技術科學文明的衝擊，另一方面則是由於所謂「落後國家」企圖從其傳統的社會經濟狀況下進展成為較現代化社會的後果。在這變革的過程中，姑不論西方文明能給予他們的生活水準和經濟狀況有何種改進和裨益，惟這些社會的人必先部分或全部地改變其固有的生活方式，放棄其原有的人群關係，甚或把他們傳統的信仰、倫理觀念都拋棄，然後有效地接受外來文化。然而在這「迎新棄舊」之時，許多問題就隨之而產生了；有的接受某一部分新的東西而拒絕了其他部分，有的則乾脆來個閉門不理，有的則雖接受了，但其內部卻經過一陣大變動，然後把東西容納到舊的體系中，有的則因新的東西的導入而引起社會的解體，造成很多災害，不但未能達到原有改革的意義，而且反而動盪不安。

對於上述這些變革所引起的問題，絕不是僅僅靠行政人員所能單獨解決的，而必須有社會科學家共同參加，因為這些問題很顯然不僅是執行的問題，而是牽涉到社會文化變遷的基本問題，只有對人類行為有深入瞭解的行為科學家，特別是對非西方的民族文化有瞭解的人類學家，才能對問題的解答或預防提出較為可靠的答案。因此，在許多國際組織中，如聯合國的各分支機構、可倫坡計劃、第四點計劃等在推行技術援助及經濟發展時均聘有人類學家或其他行為科學家為顧問；在亞洲、中南美洲以及非洲的許多國家，在推行其現代化的建設中，也逐漸有人類學家參與其中，他們估評發展計劃的有效性、建議技術改革的可行動途徑，以及分析推行這些變革行動所能遇到的困難與阻力等等，有很多實例且著有積效。

一般說來，全球所有的國家，除去少數技術發展很高的超級強國，都朝現代化的目標努力前進，這也就是前述種種問題發生的基本原因。所謂「現代化」，假如我們採用 Daniel Lerner 的定義，它所指的包括五方面的意義：

（一）有一個自力成長的經濟結構

（二）有一個公眾參與的政治體系

（三）有一個足夠流動的社會形態

（四）具有世俗的（secular）和科學的思想觀念

（五）具有能調適不斷變遷的人格特徵

從人類學的立場看，要使一個社會從傳統的形態轉變到具有像Lerner所說的這五種現代化的特徵時，所牽連的問題不外乎三方面：價值系統，社會結構和人格結構。換而言之，一個社會是否能走上現代化，或者能否快速地達到現代化的目標，就全看這個社會的價值觀念是否能配合現代化的需求，他們的人際關係形態是否適於現代化的運作，他們的性格特質是否合乎標準。這三種因素之一，或者三者合起來如與現代化的性質有衝突時，那麼所引起的就可以料想得到了。人類學家在這種情形下就可以依據他們對非西方民族文化的專門知識，指出問題的癥結所在。下面我們舉例說明問題的各面：

先從**價值觀念**一方面說起。一般認為協助未開發國家的經濟發展應自資助農業生產開始，因為農業生產的增加就是增進國民的收入，國民收入的增多就促成較多的儲蓄以及更多的投資，更多的投資促使工商業的發展，因而人民的生活水準也就可以大大地提高了。這一有利的經濟循環在西方人的經濟行為上確是最合理有效的，但對於不同價值系統的非西方民族而言，則不見得是最合理，因此也不見得是最有效；對若干民族而言，收入的增多最好是用於娛樂的消費，他們覺得辛苦賺來的錢應該用於增進快樂的生活，何必儉省而把金錢累積起來呢？在這種民族中，西方人的理性經濟循環就中斷於第二步了。對於另一些民族而言，收入的增多最好儲之於床頭或埋在地下，每天想想或算算儲金日增則其樂無窮，因此西方經濟學家所認為有利的循環也就中斷於第二步了。以西方的或現代的眼光看來，上述的種種行為都是不理性或非經濟的，可是對各該民族而言，這也許是最合他們想法的行為。一個民族的價值觀念如何影響其經濟行為，我們可以舉馬來西亞馬來人種樹膠的例子說明：居住於馬來亞半島南部柔佛州（Johore）的馬來人很多種植樹膠為生計，他們大多居住於交通不便的山麓地區，經營的樹膠園都是一般稱為「小園坵」的低產量老種樹膠樹，以原始的割膠法獲得樹膠，用最傳統的運輸法把「膠片」運到市鎮上出售，因此這些膠農的經濟狀況只能維持最起碼的生活；貧窮、疾病，教育程度低落是普遍的現象。一九五七年馬來亞獨立後，馬來亞政府努力於發展農村經濟，他們貸款給這一類的膠農，使他們有資本可以翻種舊膠樹，重新栽種高產量的新種膠樹。另一方面政府有開闢公路，發展道路交通，以便減低運膠成本，普及農業知識。這些努力都完全合乎現代經濟的發展原則，而地方政府在執行政策時也很認真；數年後新樹已出膠（種植後六年可以開始收膠汁），公路也暢達許多鄉僻地區，可是農民經濟狀況並未改善，而一般生活都比以前更困難了，原先預期發展農村經濟的效果大半落空！社會學家和人類學家細加考察後，發現妨礙這一發展計劃的原因是馬來人的傳統生活態度：在新樹產膠和公路完成之後，農民的收入確頗有增加，但馬來農民們並未利用這些增加的收入在投進促使經濟更形發展的事業（這是經濟學理論最合理的處置辦法），而是全部花在娛樂上面。原先在公路未通之時，他們或是每週或兩三週到市鎮上看戲一次，等到公路暢通後，他們可以每晚都到鎮集上去，甚而把增加的收入買了嶄新的機器腳踏車，更可每日每夜隨時隨地到市鎮去玩了，而所有的收入（甚至超過他們收入所允許）也就花在娛樂上了。這種現象是由於文化傳統使然，所有馬來文化的民族都以享樂為人生最高境界，他們以為有了錢為什麼不看戲不享樂呢？為什麼要把錢存積到明天而讓今天受苦呢？經濟學家用什麼標準來衡量才能說這種生活的態度、價值判斷是不理性的呢？所以在執行經濟發展計劃之前，假如沒有先瞭解該民族的價值趨向，沒有企圖先轉變一些不利於現代化經濟發展的基本態度，那麼計劃的推行將受到很大的挫折。

再談到**社會結構與現代化配合**的問題。一個民族的基本社會結構原則經常決定了文化接觸變遷的趨向；有的社會形態有利於某種方式的經濟發展，但卻不適於另一種方式的發展。六十年代有一群人類學家在印尼的爪哇島上從事社會人類學的調查，他們認為爪哇人的基本親族構成原則是「雙系的」（bilateral），在這種雙系社會中缺乏較大、較固定的社群如大家族、宗族或氏族可作為初期資本聚集的基礎。在東南亞各地雙系社會中，到處可看到一個一個小家庭作為一切經濟活動的單位；農作、販賣等等都是小家庭的小本經營。貨物的集散也都是零碎枝節，這種因社會基本結構原則而成的小規模經濟活動，很顯然與現代化經濟所必須的條件——機械化（mechanization）、標準化（standardization）和集中化（centralization）不能配合，這是印尼和其他東南亞國家現代化的過程中所遭到的一項困難。

再進一步說**社會結構原則**的問題。上文所謂「雙系社會」，在社會人類學家的意義上與另一名詞——「單系社會」（unilineal）是相對的。單系社會僅僅對父系一方或母系一方的親屬特別重視；例如中國社會是父系的單系社會，我們特別重視父親一方的親屬，而忽視母親一方的親屬；父系的親屬常構成一強而有力的群體，一般稱之為氏族或宗族。相對的，雙系社會的人，並不單獨著重那一方的親屬，而是同等對待父母雙方的親屬，因此不可能有像單系社會那種以一方的親屬組成的強而有力的親族團體存在，這也是使雙系社會的組織較鬆懈的原因。社會組織鬆懈的雙系社會裡，人與人關係的行為法則也較鬆懈，尊長與卑輩之間的關係並不如單系社會那樣嚴格。換言之，單系社會常組成各種不同的親族團體，團體內尊長的權威固定而有效，而雙系的社會缺乏有力的親族團體，因而尊長權威極為薄弱。從經濟發展和企劃的觀點上言，單系社會的組織原則似較適於由一中央政府控制或企劃經營型態，而雙系社會則適於自由發展競爭經濟。以東南亞各國經濟發展情形而論，印尼和緬甸兩國都趨向於政府集中控制的經濟，特別是印尼更為明顯，但是這兩個國家的經濟狀況，都遠較以自由經濟政策為主幹的馬來亞、菲律賓等國為落後，從這情形看來，一社會的基本結構原則，實是經濟發展的一個重要因素；同時，此一因素的作用，並不限於經濟一方面，經常也對政治型態等方面也有相當大的影響。

最後談到**人格特性因素在現代化過程中的作用**，這一方面我們可以舉兩對例子來說明。我們在前文曾說明泰國和日本民族性的問題，所謂的民族性就是表現於人格構成上的特性。日本與泰國都是亞洲獨立國家中歷史較悠久的國家，他們與西方接觸的年代也相近，可是兩國在接受西方文明和現代化經濟的程度上，泰國是遠落後於日本之後的，推其原因與兩國民族性的人格特性有很大的關係。一般而言，泰人的特性是被動、鬆懈而不講效率，日人的性格則恰好相反，他們主動、嚴謹而注重效率，所以泰國人對變革創新沒有很大的興趣，也不容易接受新的形態，完全不適於現代化工業所需的所謂「企業精神」（entrepreneurship）；日本人並不一定樂於接受新的東西，但在緊要關頭時，他們可以來一次全面的革新，而無疑的他們的性格是最合於企業精神的條件，所以在推進工業發展時他們所表現的就非其他亞洲人所能企及了。另一例子是比較美國和中國人的性格，前文所說的許烺光先生在「美國人與中國人」一書中，曾描述兩國民族性格的差異。他認為美國人鼓勵個人行為的獨特表現，是以個人為中心的社會；中國人則注重個人行為順從習俗，是以處境為中心的社會。因此美國人的人格結構較適於變動的情境，對於新的因素有很大的容允性；中國人則反之，中國文化對中國人行為的規範極為嚴格，容許行為差異的幅度有限，所以中國人的人格特性較不能適應於急遽變遷的環境。以上這兩對例子很明顯地說明人格特性在現代化過程中所能發生的作用。

人類學家深深瞭解每一個社會的價值系統、社會組織和人格結構在變遷中有這樣大的關係，因此他們相信要使一個傳統的社會走上現代化的路並不簡單，要使這條路走的暢通，要避免路程上所遇到的困難與痛苦，只有事前對這個社會的固有傳統先加詳細地瞭解，然後有計劃有步驟地推行改變的工作，這就是一般所說的計劃變遷（planned change）。下文我們要用人類學家在南美洲秘魯北部所執行的一個「計劃變遷」的故事，來說明人類學家主動執行一個現代化行動的意義。

故事開始於一九五二年，那一年美國康乃爾大學以 AllanHolmberg 教授為首的人類學家在卡尼基基金會支持下，與秘魯的印地安研究所（National Indian Institute）合作，準備在一個稱維柯斯的大田莊（Hacienda Vicos）進行一次應用人類學的實驗。維柯斯是祕魯京城利馬北方二百五十英里安蒂斯山谷的一片平地，全面積為四萬英畝，這是屬於一個稱為「公共福利會社」（Public Benefit Society）所有的私有產業，他每隔五年標租給承租的人，承租人又派遣包租者「統治」全地區，以地主姿態徵收全田莊的租賦，並管理一切事務。田莊內的居民有三百家、一千七百人左右，全是屬於説 Qnechua 方言的土著印地安人。這些印地安人每一家獲得一小塊土地耕種，但每家每星期需派一成年人為地主耕種三天的義務，同時仍須參加各種臨時的服務以為租稅。這些租地的印地安人在田莊內除去每年宗教儀式之外，對全社區的事務毫無權利，一切由地主處理。印地安人的教育完全談不上，衛生醫藥缺乏，生活水準低到僅能糊口，他們與外界很少接觸，對外來的人毫無興趣也懷畏懼，地主們形容他們是愚笨、無知、保守、多疑而迷信。

一九五二年初，康奈爾大學得到秘魯政府得許可與勵助，把維柯斯承租下來，得到全權處理田莊事務的包租人資格，於是他們和秘魯籍的人類學家開始在莊內一面研究一面執行行政事務，他們希望在四方面幫助當地地「佃戶」走上現代化，這四方面是農業耕作與其他經濟生活、教育、公共衛生、和政治形態。人類學家們認為要把一個數百年來一直都是停滯不變的社會推上變遷之路，應該先從基本價值觀念著手，然後及於其社會關係，最後建立他們的自信心，這樣才是合乎「計劃變遷」的原則。他們所選擇的價值觀念以作為第一步改變的據點的關於「人人皆平等」的觀念。印地安人數百年來被殖民者和外來的地主統治，其自卑的觀念極深，認為自己生來就是比別人低的。人類學家們租得土地，所以在各方面都可以作主，他們用不收賦稅，不用命令的辦法入手來灌輸平等的觀念，慢慢的取得「佃民」的相信。在五年之中，他們鼓勵農業合作，開辦免費學校，設立衛生醫療機構，支持當地人主持社區事務。逐漸的這個原來被認為是愚笨無知而保守多疑的社區從停滯的狀態開始活動起來，他們從平等的觀念出發，體會到從前地主佃農的關係並非與生俱來的，因而他們逐步對全莊的事務有了興趣，而不以為那是地主們的主權了。在五年的實驗中，農業生產大有進步，使他們的經濟水準有明顯的改善，教育普及度大為增加，兒童們有百分之八十入了學，更重要的是莊內有見識的人逐漸成為社區領袖，自己主持並決定他們應該做什麼，以及走上怎樣的路。五年結束後，康奈爾大學雖不直接參予計畫，但人類學家仍繼續擔任顧問，協助維柯斯的人執行使自己現代化的方案。這個例子，很清楚的說明人類學家如何以其專門知識，幫助一個被認為毫無希望的社區，利用「計劃變遷」的觀念與方法而達到走上現代化的可能性，這樣的實例鼓勵人類學家更多地參與到社區發展以及國家現代化的實際工作上去。

五、工業人類學

所謂工業人類學（Industrial anthropology）實創於哈佛大學管理學院的教授 Elton Mayo 和 Lloyd Warner 以及他們的學生 Elliot Chapple 諸人。Mayo 先生出生於澳洲，是一個心理分析學派與精神醫療專家，他受到人類學大師 Malinowski 和 Radcliffe-Brown 等人的影響很大，所以對社會群體中人際關係的問題很注意。Warner 教授是一個典型的人類學家，他初期的研究是澳洲土人的文化，誰也想不到後來他竟被 Mayo 教授邀約來研究工業關係。Chapple 也是人類學家訓練出身，當然他受業於 Mayo 和 Warner 時，已深受他們在基本觀念上的影響。

Mayo 等人的工業人類學的基本觀念是基於群體中人群關係的瞭解，他們認為一個群體，不論是機構、工廠甚而商業組織，其人與人的關係模式是決定其工作或生產效率的主要因素，因此他們應用人類學的參與觀察方法（participant-observation method）以研究人群互動（human interaction），以便了解每一群體中人與人的關係模式，進而尋求解決其間所發生的問題。這一研究觀念後來被稱為「人群關係學派」而應用於管理科學上極為普遍，但大部分的人都不甚清楚這是源之於人類學的一套原則。

人群關係的觀念之所以為世人所知是由於西方電氣公司哈松工廠（Harthone Works, Western Electric Company）的研究開始。哈松工廠的研究始於一九二三年，至一九二六年為第一次研究，其後一九二七至三二年又有第二次研究。哈松的研究也許開始於一個錯誤的假定，認為工廠的照明與效率有直接關係。研究人員利用控制組和實驗組的方式試驗工廠的工人，發現燈光的明度與工人效率並沒有直接關係。其後研究者經過一連串長久的試驗研究，他們選擇不同群的工人作參與觀察以及訪談（interview）的工作，終於他們瞭解了一項重要的事實，那就是工作的環境雖然重要，但組織中人與人的關係的合理處置，工作效率將獲得很大改進。經過一連串的研究，他們理出一些重要的結論：

（一）一個機構內工作人員的效率並非取決於個人生理的能力，而是經常由社會規範所限定的。

（二）物質的獎勵並非唯一使工作增加效率的激勵力，工作人員的效率受工作群體的內部與外部人際關係的影響至大。

（三）人的行為並非全有理性，而是帶有相當的感情或情緒成份在內；感情或情緒，對行為常發生支配力量。感情或情緒的支配行為雖經常掩蓋於外顯的理由而不易捉摸，但文化的塑模仍可使之有脈絡可尋。

從這些「人群關係」基本觀念為出發，在二次大戰後會引起一陣研究熱潮，參加的人已包括許多其他社會科學家，而不僅人類學家參與其中了。但是人類學家仍然從其本身的立場，提供不少的研究技術與方法，例如前述哈佛人類學系的 Elliot Chapple 就設計了許多測量人與人之間互動行為的方法，企圖使研究人際的關係更嚴格化和數量化。Chapple 先生後來甚至放棄他在哈佛大學的教席，組織了一個 Elliot Chapple 顧問公司，以其專門知識協助工商業界解決因人際關係不調適所引起的糾紛。

近年來人類學家除去繼續以人際關係的觀念從事研究，以解決機構或工廠中的問題外，他們也同時從下列各方面從事工業關係的研究：

（一）以研究文化變遷的理論與觀念，從事機構中變遷過程與適應模式的研究；

（二）研究機構或工廠中的種族關係；

（三）研究機構或工廠與所在地社區的關係；

（四）研究符號或象徵物（Symbols）對群體中成員所能引起的作用；

（五）研究不同民族的性格在工業組織中所扮演的角色與所產生的影響。

六、教育人類學

一說到教育，都很容易使人聯想學校，其實學校的教育只是教育過程的一部分，而且是較為特別的一部分。廣義而言，教育是一個社會把他們的文化傳統傳遞給下一代的過程，傳遞的主要目的是要使他們的兒童成為該社會中正常的成員，因此傳遞的內容包括文化傳統的全部，而技術和知識的傳遞只是其中的一部分而已。把技術和知識的傳遞約束於學校的制度中，從全人類的眼光來看，更是一種特別的安排方式。人類學家稱一個社會的文化傳遞（transmission of culture），過程為「濡化」（enculturation），一般社會科學者時稱這種過程為「社化」（socialization）。每一個民族不但把他們特有的文化內容教給他們的兒童，同時也經常有一套他們特有的教養方法和技術。人類學家研究文化，不只研究文化的內涵，同時也研究一個民族如何把他們的文化傳遞給下一代，以及這種傳遞的方法產生了什麼特別的效果。把許多人類學家對不同民族教育他們下一代人的資料放在泛文化的背景（cross-cultural perspective）中作比較，很顯然地可以對一般教育理論作一客觀的評價。換而言之，綜合不同體系的教育方式，可以幫助一般教育理論的創革，也可以從現代教育觀念中排去因文化囿限所形成的偏見與束縛，人類學家之能貢獻其知識於教育者就在這一層次上。

美國著名的女人類學家 Margaret Mead 曾經分析許多較原始民族的青年人沒有明顯的青春期煩惱和不安，主要的是因為他們的兒童教養方式有下列幾種特點：

（一）很多民族教育兒童的方式都是很自然而不拘形式的，經常是在一般生活中學習社會所要求他習得的一切事物。在這些民族中，一個人所需學的是社會中每個人都同意是應學的東西；這與很多的文明社會中若干個人所要教的東西並非社會中每個人都同意是應學的東西，顯然有很大的差別。

（二）很多民族教育他們的兒童成為社會正常成員的方式是較自由放任的，而不採取嚴厲的處罰或禁止的方式；在這些民族中父母長上只負責教養的一部分工作，其他部分都是由平輩的同胞或朋友模仿學習而來。

（三）很多民族教育他們兒童大都限定在他們能力範圍之內，他們不鼓勵超越能力的成就，也不鼓勵贏過別人的行為。

（四）很多民族不把兒童看作成年人以外的人；換而言之，他們尊重兒童也是一個「人」的尊嚴，因此使兒童心理上沒有成年與未成年之間的明顯界限。

（五）很多民族對成年人與兒童的規範大致相同，他們的社會裡不見在一套對成年人的行為規範之外，另有一套兒童的規範；大人可以做的，兒童也可以做。這種行為規範的一致性，使兒童即將成年之時沒有心理上的疑惑和憂慮。

從不同文化的範疇所理出來的這些教育方式，雖未必完全適於較複雜或較文明的社會，其基本原則所啟示的意義，卻很值得我們加以體會。

人類學習的過程如以泛文化的比較方法來瞭解，確可以有很多新的啟示。任何有意識的學習過程無不包括聽、看、做之因素，可是研究不同文化的學習過程，我們可以發現每一文化對聽、看、做三因素的著重有不同，有些民族著重於聽的因素，較忽略看和做的因素，有些民族著重看的學習方法，而較不重聽和做，其他民族則以「邊做邊學」（learning by doing）為基本的學習方法。一個民族著重於那一種因素作為學習的要項都是文化傳統使然，從客觀的立場來說並沒有好壞的成份在內，可是注重那一種學習要項卻能深深地影響學習的結果。很多民族教導兒童作畫或做工藝都著重於看的要項，那就是從觀察中體會到所應有的技巧，但是今日西方的學習方法很注重「邊做邊學」的哲學，無論工藝或繪畫，都鼓勵兒童自己動手去做。這樣不同的學習法在泛文化的比較背景下發現產生不同的效果。「邊做邊學」的方法使用在工藝學習上很可能導致若干技巧的較早純熟，但是在學習繪畫方面，著重於「邊做邊學」的方法就未必能達到同樣的目的，因為鼓勵兒童在未能把握技巧前多做未成熟的繪畫，很可能導致後期因對自己幼稚圖畫的批評，終至於嫌惡不敢再執筆了。從這一點角度上看，某一民族之善於某種藝術；有的精於繪畫、有的善於歌唱、有的以舞蹈動人、有的以表演感人，這些不同的文化傳統應該都可以找到其與學習方法有密切關係的線索的。

近年來教育學者與人類學者共同體認到兩學科之間的合作有很重要的意義，所以教育人類學的成為人類學領域中的一個支科也就逐漸明顯化了。在教育人類學這一名詞下，人類學者與教育學者共同鑽研的項目大致可分為如下各項：

（一）文化傳遞所看著重的內容是什麼?每一個文化各有他一套宇宙觀，在這樣的宇宙觀之下成年人教育他們的兒童的東西自然與其他文化有異，比較不同文化的不同著重內容是教育人類學研究的重要項目。

（二）不同文化如何用不同的交往方式（Communication method）把文化傳遞給下一代。

（三）不同文化中負責文化傳遞的人有何不同。

（四）不同文化中受教養者接受教育的態度和想法有何不同。
（五）不同文化中執行文化傳遞的人態度與想法有何差別。
（六）教養內容與方法是否有範疇的不同。
（七）教育過程的不連續性在不同社會的差異。
（八）限制獲得文化傳遞質與量的因素。
（九）不同文化的獎懲方式有何不同。
（十）學習的意欲與效果的關係有何文化差異。
（十一）自我概念的形成在不同文化有何差異。
（十二）形式化教育期在不同文化中差別如何。

七、人類學與人類前途

前面數節都是以文化人類學的立場說明人類學家如何貢獻其知識於現代社會；人類學家以其對文化概念的瞭解與運用，不但能使我們瞭解自己、幫助自己；瞭解別人，幫助別人，而且最重要的是使我們懂得與不同文化的人相處之道，這是人類學對全人類的前途所能提供的最大貢獻。

很顯然的，今日世界主要動亂的來源是出自種族的歧視與文化的偏見，因此假如我們能擴大人類學的觀念，使人人都懂得文化偏見的不必要，使人人都知道如何與異民族相處，那麼人類的前途才會呈現美麗的遠景。

但是，我們所說的文化偏見是不必要的，以及說明人類應如何放棄文化偏見來與異民族相處的種種道理，都是基於另一種未經說明的概念，那就是人類種族無高低優劣的理論。在人類學的領域裡，關於種族的問題的研究是屬於人類學的另一大支——體質人類學（參考本書第壹篇人類學的領域所述）的範圍，本節的目的就是要以體質人類學的觀點，說明種族無高低優劣的真義，以便使讀者更瞭解基於同樣的生物本質上所產生的文化差異，實是各民族在長久地調適環境的偶然結果；種族既無高低之分，不同的文化傳統與生活方式又有什麼好壞差別。

根據體質人類學家的研究，生存於今日世界上的人類都是屬於同一生物學上的「屬」（species）；這是代表人類全體這一生物種在一百多萬年來進化的結果。在這一「屬」內的份子因身體外表的差異又可分別為若干支派，這也就是一般所說的外表上的差異，但從生物學的立場上看，這些差異只是代表早期人類在不同環境下調適的結果，從數量上而論，這些差異是很有限的；全世界不同種族所具的相同生物性最少也有百分九十五以上，而即使在外表上差異最大的種族，其生物歧異也不會超過百分之五。而且最重要的是「人」這一屬內所有的人都可以交配而生出子代，並且他們之間都明顯表示全世界的現生人類，不管是「黑人」、「黃人」或「白人」，都是屬於同一個「屬」的生物，他們代表同一進化行列的階段，既然是同一進化的階段自然無高低可言。

一般種族主義者所宣傳的著重於渲染人類種族在智能上的差別，因此有種族優劣之說，他們認為白人智能高所以是優秀的種族，其他人種智能較低，所以是較劣的種族。人類智能的差別在個體上的表現確很清楚，一個聰明人與一個白癡之間的不同自然不可以道里計。但是一個種族的平均智慧是否會比另一種族高，這就很難有一正確的標準來判斷。每一個民族都生活在他們的文化範疇中而受到文化的約束很大，假如要衡量其智能的高低，就應該用他自己文化的尺度來衡量，才是公平的辦法，假如採用別的文化的尺度和標準衡量時，顯然就是存有文化偏見的，就如用「智商」（I.Q.）來量一個較原始民族的「純智慧」，實際上就是以西方文化的偏見來衡量之，這種偏見所產生的結果，自然不能作為種族優劣的根據。假如我們一定要找出一個衡量全世界各民族智能高低的標準，我們恐怕只能採用「最能在惡劣的環境下生存下去」這一標準了，因為人類生存在這個世界上最高的目標是生存下去，能忍耐惡劣的環境而繼續生存下去的種族，應該說是最有本領的種族。假如我們承認這一標準是合宜的，那麼我們要問把一些生長於最高文明的倫敦人、紐約人放在非洲西南卡哈拉內沙漠中，他們實在無法生存多久，這要比該地土著而被認為最低文化的布須曼（Bushmen）人能長久地生活在那種惡劣環境下差得很多了。再說一些生長在大陸上的居民，假如被送到太平洋海島上去住時，那一定被太平洋土著笑為低能之至，因為他可能連游一丈水的能力都沒有，而土著的小孩在兩三歲時就能游水「如履平地」了。相反的，我們如把布須曼人和太平洋土著帶到車水馬龍的紐約街上去，他們也沒有辦法好好的生存下去。

由此可見種族智能的高低實是一種很難確定的事，用長遠和相對的標準來看，種族的優劣之說實在是一個「現代的神話」。

今天全人類所面臨的困境是種族偏見與糾紛，在這充滿危機的世界裡，人類的前途假如有光明的一面，應該是努力消除種族的歧視，人類學對種族以及文化的知識，對於消除這種歧見有其最重要的意義。

再進一步說，體質人類學家不僅僅在種族問題上給我們一種正確的觀念，同時他們也對人類種族和文化延續的問題也給我們一些重要的啟示。體質人類學家是研究人類種族的源流的，因此他們對人類進化的過程也有相當深刻的瞭解；體質人類學家對人類進化理論的探討，是根據現代遺傳學的理論而發展的。進化論的基本原則是生物體對環境選擇力的適應（adaptation），現代遺傳學的研究知道所謂適應是指生物體內部遺傳基因適應於環境的需要而存在，而非指外表形式的改變，也就是說能適應於環境的基因就被保存而傳給下一代，不能適應的基因就被淘汰而不傳下去。就整個種族而言，假如它的基因庫（gene pool）——指全種族所具的遺傳因子的總和，所具的遺傳基因種類愈複雜眾多的話，那麼它可以適應不斷變遷的環境能力就愈大。相反的，假如基因庫所具的基因種類純一而缺乏變異的話，那麼當環境一改變，原來適應於過去環境的因子就無法適應，基因庫裡也沒有其他因子可以調適，因此種族就可能滅絕了。我們可以用蒼蠅與DDT的例子說明這一「適應變量」（adaptive variety）的意義。當DDT初發現時，蒼蠅被殺的比例很大，幾乎面臨滅種的危機，可是在蒼蠅「種族」中有若干個體的特殊基因是具有抵抗DDT能力的，它們因具有這些抵抗的基因而竟能生存下去。這些僅存的蒼蠅即使為數不多，但經過數代的繁殖，又能成為新的群體，而且這新的群體因具有前代所傳下來的抗DDT基因，也就成為不被DDT所滅的新蒼蠅種了。從這個例子我們可以體會到「適應變量」在適應上的有利之處，因為當初蒼蠅的基因庫中假如沒有這些變異，他們就非被滅種不可了。所以一個物種假如要保持其適應優勢以應付環境的選擇，在其整個族種的基因庫中就應該保持其多樣性，也就是應該盡量保持有不同遺傳基因的組合，以便於環境一旦有變遷時，若干能適應新環境的因子得以發生作用而維持種族的延續。

人類是生物的一種，雖然人類創造了文化以幫助他適應環境，減輕環境對他生物的選擇壓力，但是它仍然受生物進化原則的約束，在生物性和文化性上都仍同樣地受環境選擇力的支配。因此，人類如要在進化的過程中使種族生存下去，就應該保存人類種族遺傳基因的適應變量，包括生物性的和文化性的適應變量。在生物性一方面，人類應該體會到保存種族的多樣性才是維持人類進化優越性的方式，所謂純種的理論實是一種最不能適應的愚笨想法；在文化性方面，只有保持人類各民族不同的文化特性，不只是維持各民族原有的文化特性與風格，而且應該鼓勵各民族發展其特有文化模式，這樣才能夠使全人類在不斷變遷的環境中無所不適。換而言之，人類學在進化論上所給予人類前途的啟示是保持生物與文化的多樣性與複雜性，那樣才能使人類在「物競天擇」的原則下保持其優越性，而維持最好的適應。

在進化論的理論中，適應是一個重要的觀念，但是所謂「適者生存」的適應，所指的經常是適中的「適者」，而非「最適者」，因為在某一環境下的「最適者」經常是非常特化（specialization）的調適，這種特別的調適經常是太專門化了，他們一方面最能利用環境，另一方面卻又最依賴環境，所以一遇到環境有所改變，很可能就變為不適者，反不如適中的「適者」不太特化，所以具有對付環境改變的潛力。今日西方的文明，很像是一種最適者的文化，那種企圖完全控制自然的態度，以及表現出過量地取自於自然的行動，顯然是走上特化的道路，這種特化的文化在目前這一段時間內也許可以說是最能適應的文化，但是當環境一改變，很可能就成為不適者。我們在本篇第二節中談到我國傳統的宇宙觀，很可以看作是一種適中的「適者」的例子。中國傳統的宇宙觀是把人與自然看作是一個系統中的部分，人與自然的適中調合才是維持這個系統合理運行的最佳方式，人可以取之自然之資源以維持其存在，但是卻要維持一種適量而不過份依賴的關係，因此當環境有所改變時也不會受到太大的威脅，所以我們認為這種宇宙觀或生活方式也許在目前並不是最能適應的文化傳統，但是從長遠的觀點而看，這種適中而不過量的調適，應該才是真正能長久的適應。人類社會及其創造的文化，假如要避免像過去很多生物體因為過份適應而走上絕種的道路，實應多多考慮維持適應變量，讓別人常表現獨特風格的機會，也應注意適中調適的意義，以免走上死角而作繭自縛。

【主要參考書目】

Barnett, H. G.

1956 Anthropology in Administration, Evanston, Ill.: Row, Peterson.

Chapple, Eliot D.

1953 Applied Anthropology in Industry. pp. 819-831, A. L. Kroeber（ed）, Anthropology Today:An Encyclopedic Inventory, International Symposium on Anthropology, Univ. of Chicago, Chicago,

Foster, George M.

1969 Applied Anthropology, New York.

Henry, Jules

1960 A Cross-Cultural Outline of Education, Current Anthropology, Vol. I. No.3.

Kaplan, Bert

1961 Studying Personality Cross-culturally, Evanston: Row, Peterson Co.

Kluckhohn, Clyde

1949 Mirror for Man, New York:McGraw-Hill.

Leighton, Alexander H.

1949 Human Relations in a Changing World: Observations on the Use Social Sciences, New York: E. P. Dutton.

李亦園（Li）

1966 文化與行為。臺北：商務。

李亦園 楊國樞編

1972 中國人的性格—科技綜合的討論。臺北：中央研究院民族學研究所。

Mair, L. P.

1957 Studies in Applied Anthropology. London School of Economic Monographs on Social Anthropology, No. 16 London: Univ. London, The Athlone Press.

Benjamin P D.（ed.）

1955 Health, Culture and Community: Case Studies of Public Reactions to Health Programs. New York: Russell Sage Foundation.

Mead, Margaret

1966 Culture, Health, and Disease: Social and Cultural Influences on Health Programmes in Developing Countries, London: Tavistock Publications.

Spicer Edward H.（ed.）

1952 Human Problems in Technological Change, New York: Russell Sage Foundation.

Spindler, George D. ed.

1963 Education and Culture: Anthropological Approach, Nork: Holt, Rinehart.

參、宗教人類學的實用性

人類學的實用性有很廣泛的意義，但是在正統的應用人類學裡面，宗教人類學的地位比較不重要，我想這是西洋社會的特別因素，因為西洋社會裡宗教有它特別存在的意義，所以宗教人類學在西方的應用人類學範圍裏不佔重要地位。但是在我們自己的國家，人類學的宗教研究相反的卻佔有比較重要的地位，它的實際意義也很明顯。下面就分成三點來說明宗教人類學或人類學的宗教研究的實用意義。

第一方面，我想人類學的宗教研究在當前的社會裡特別有實用意義的，是對於一般所謂的特異教派的研究，和它的實際上的瞭解上面。這些特異教派不一定是傳統的，有很多是外來的，我們也許可以把這些特異教派分成三類來說。

第一類的特異教派，是因為它引起相當的社會不安，或者社會的憂慮，甚至於違反社會道德倫理的規範，所以說被人家認為它是特異的，或者甚至於危險的，或者是不能夠忍受的那些教派，在這一類中我們可以舉若干例子：比方說我們前幾年有「統一教」。「統一教」據說他們的聚會很特別，而讓治安當局憂慮的，是因為他的教徒有好多是在學的學生，甚至有很多大學的學生，他們這些學生們甚至休學來參加這個教會，非常獻身於教會的活動，所以引起很多家長的不安，而向治安當局提出訴願，所以被禁止。這是一個較早的教派引起這樣的憂慮，但實際的情形我們並不了解到底內容是怎麼樣的。這是第一類當中頭一個最常被引的例子。第二個例子是前一、二年發生的所謂「愛的家庭」的教派，統一教派可以說是基督教，「愛的家庭」我想也應該算是基督教的特異教派。「愛的家庭」的教派，除開引起社會不安以外，也引起道德倫理規範的懷疑；據說他們教會的人是鼓勵雜交，年輕的教徒對性的觀念非常的薄弱，並且傳教的時候有很多類似於黃色書刊的宣傳品，所以引起治安當局的注意，就禁止它，把它的傳教人驅逐出境。第三個我要舉的例子，就是比較傳統的，一般所說的「一貫道」，或者「鴨蛋教」的問題。這個教派當然時間比較久，早在光復後不久就被取締過，一般謠傳說它做禮拜的時候是完全裸體的，而且有很多很私密的宗教儀式。前一兩年在臺南有「一貫道」的教派，「一貫道」分成很多組，其中的一組的領袖叫做王壽，甚至被治安當局逮捕，認為他有叛亂的嫌疑。原來一貫道一向為其他教派所猜忌，造了很多謠言，所以治安當局不能容忍這種情形，就把他逮捕，關了好幾年。其它各組的「一貫道」也經常被懷疑，經常在取締的邊緣，引起很大的不安。第四個例子是最近這幾個月發生的，就是「新約教會」，位於八德路監理所對面的三樓，寫了很大的字「新約教會」，這個教會是最近幾年傳進來。它的來源是來自於香港，香港的一位女電影明星發起這個會，傳到臺灣來。這位女電影明星過逝後，她的女兒繼承她的位子，在臺灣傳教而相當普遍，但是後來臺灣的這個教派和香港的這個教派因為在教義上的衝突，就分開了。這位電影明星的女兒離開臺灣回香港去，而臺灣則自己發展「新約教會」的這一派。裏面最主要的人物叫「洪以利亞」，這個人原來是基督徒聚會所的，後來轉了幾次教，最後變成「新約教會」的人，他傳教的煽動性很大，他居然倡議說，「新約」上基督所說的那個聖山錫安山原來在近東，現在已搬到臺灣來，搬到高雄縣甲仙鄉的一個地方。這個教派的人就到甲仙鄉去拜，非常地狂熱，而且宣傳得非常厲害，連外國人的基督教徒也到臺灣來拜聖山。若干人承認（當然不是全部）臺灣的甲仙鄉這個山是真正的錫安山，所以來拜的很狂熱，經常從臺北雇了好多遊覽車，到那裡做禮拜，所以引起治安當局的懷疑，就不讓他們到那座山上，但他們死守著，在那座山的四周搭營幕、帳蓬，做各種不同的企圖，想恢復錫安山聖山的努力，但是治安當局一直不准，所以現在引起很大的爭執。山不能去，但在山的附近都搭了營，做為他們禮拜活動的地方，這是最近發生的。可見臺灣的本地，這些特異的教派是一波未平一波又起，一直繼續不斷，而「新約教會」到現在一直還沒解決的問題。這是我說的第一類引起社會不安、與道德規範離異的一些教派。

第二類可以說是有一點觸犯法律或者與社會的特定規則有衝突的地方，這是另一個教派，叫做「守望臺」或者是「耶和華見證會」的教派。這也是基督教的一個教派在臺東，特別是在臺東的高山族區域裏面傳教。這個教派引起社會或政府的不滿，是因為他們要求教徒不可以向國旗行禮，也不可以服兵役。尤其是不讓教徒服兵役，與國家的法律有衝突的這點就更引起嚴重的詬病，這在臺東山地曾經引起很大的糾紛，現在已經比較平靜下來，等一下再說明。這是我所說的第二類，引起法律或國家制度上面的衝突的教派。（註：2000年已經通過替代役實施條例、兵役法及兵法施行法，讓因宗教等特殊因素而無法服兵役的人，可轉服替代役。）

第三類可以說是跟實際的政治有明顯的衝突與對政治的不滿，這個就像「長老教會」，尤其是南部的「長老教會」這一派引起了有關政治的問題。

宗教人類學的研究多少可以對這些特異教派的問題提供一些意見，或是解決的辦法。人類學的研究不管是這些特異教派的先知或者領導人物，同時也研究這些教派的教徒跟隨者，即所謂true believer 的虔信者，並且也研究他們的儀式過程。從這些研究當中，我們多少可以瞭解特異教派加諸他們身上的，未必全如我們一般社會上所想像的情形。其中有一些是真的有問題，也有一些是我們加之於其身上的謠傳和偏見。我舉一個最明顯的例子來講，像一貫道，最近經過我們在座的芮逸夫先生提出的研究計劃，實際由宋光宇先生去研究、瞭解，我自己也去做過一些訪問，知道他們做禮拜時真正是不裸體（不然我也不好進去）。被加諸於他們身上的，實際上是派系的爭執，尤其是佛教對於他們吸收教徒的那種積極辦法，引起一些對自己的恐慌，所以加諸於他們一些謠言，至於真正的內容怎麼樣正在進行研究中。但是我們大致瞭解跟外界所謠傳的並不符合，最少在禮拜的過程當中並不如此，說他們的組織頗有秘密社會的性質，也許是對，但是他們是否真正有政治野心，我想就未必了。因比，假如真正地對一種特異教派做研究，不但可以澄清一些外面的謠傳，而且對社會的不安，或是對治安當局的處理辦法是很有用的。比方說「新約教會」的這一派，我們最近也希望去做，但是他們推拒而不大能接受；如果我們想辦法盡量去做，也許可以解決一些問題。像這類的教派在國外是很多的，只要不對於人的尊嚴有所危害，就不會引起真正嚴重的問題，但是像「人民會堂」讓幾百個人的生命都損失了，那當然是不能容忍的。「新約教會」的這些教徒要在這座「聖山」做禮拜，只要沒有牽涉到政治的問題或個人尊嚴的問題，我想這並沒有什麼特別危害的地方；如果我們可以瞭解他們真正的意圖和組織，也許反而可以成為很好的宣傳，增加外國人對臺灣的瞭解。所以我覺得這一類的教派研究，多少可以解決一些問題。像「統一教」、「一貫道」、「愛的家庭」，我們實際上都抱著疑問：外面加諸於它們的看法究竟是不是真正的事實？因為從「一貫道」的研究經驗中，我們看到很多是謠言，很多不是真的。這種特異的教派假如能用學術的辦法來解決它，我想對於社會的安寧是很有益處的，也不致於讓它一波未平，一波又起。這些教派在人類學的立場來說，有點像「本土運動」，不能夠只用「壓」的辦法來消弭它。這類的宗教研究能為社會提供一些合理的材料，讓一些教徒在合理的情形之下信他們的教，我想對社會治安是有益處。這是我頭一方面要說的：人類學的宗教研究對於實用問題的貢獻。

第二方面，人類學在宗教研究上可供應用的大半是牽涉於傳統宗教的問題，特別是關於民俗治療的方面。我個人在這方面的研究經驗稍微多一點。我想民俗治療的問題牽涉到童乩治病的問題，這當然是非常複雜，不只在人類學上，在精神醫學上也一直研究，提出很多對他們的瞭解。因時間的關係我不能多說，簡要地說，這類民俗的研究雖然有很強的迷信色彩，比較不喜歡這類宗教活動的人都把它看成是無稽之談，但是實際上根據我們的研究，不管它是不是迷信（雖然它用的是迷信的手段），但是它的效果的確在某種程度裏面相當有效，這個有效並不像他們所說的（從我們研究者的立場來說，並不像他們所說的真有神的效果），而是因為它代表某一種治療的意義上的有效。這個有效也許可以從兩方面來說：

第一，它代表一種社會文化的治療，尤其在中國社會裡面，這種社會文化的治療特別有意義。諸位大概都很清楚，我們中國人的醫術過程當中常常有一句話，所謂「下醫醫病，上醫醫人」。比較普通的醫生，他只是針對著病本身治療，但是好的醫生並不完全治療病的本身，而是治療整個人的健康，這個健康包括他生物體的健康、他的精神心理的健康，以及周遭環境的和諧關係。在這一部分所要談的民俗醫生就是童乩，他代表一種社會文化的治療方式，在醫學上面，所要治療的不僅僅是生物性本身，而是要讓病人的整個家庭、整個周遭環境達到和諧。顯然的，童乩不可能醫好有細菌或是緊急的疾病，他醫好的都是那些因為家庭，因為心理，因為社會文化的衝突，所引起的精神疾病。童乩是以「上醫醫人」的態度，供給病人一個和諧、合理調適的環境，所以他能產生作用。

第二，童乩之所以能夠有效的另一個理由，是它代表了傳統中國社會的病人和醫生的角色態度，他在扮演一個醫生的角色之外，完全合乎中國式醫生的角色，所以他能夠發生很大的作用。現在的西醫以西方的醫學和西方的醫院制度，以及西方的病人、醫師的角色方式來到中國，雖然醫藥經常很有效，但在治療的整個角色上面還是有很大的困境。然而童乩代表一個中國式的傳統角色地位來看待病人，所以他能產生有效的結果。但是他並不是真正的神，他對於一些特別的細菌醫療當然沒有真正的作用。人類學的研究，在對於童乩作為一種民俗醫生或社會文化治療的意義上面，提供了很多的瞭解。現在的精神科醫師，我想在很多方面一直想跟民俗醫生學習，他認為他們代表了一種傳統，要醫人，應該是以傳統的背景來配合治療，這會更有益處。這些事有關第二方面：人類學對於傳統宗教、民俗治療的瞭解與可供應用的地方。

我要談的第三方面是綜合性的，代表一種可以供給行政機構諮商的問題，也就是給予行政機構一些意見供其參考的問題。前些時候我參加了一個會議，會中內政部的一位主管官員提出一個問題：「請你們告訴我們甚麼是宗教？宗教的定義是什麼？我們才知道如何處理宗教的問題。」我想這位官員主要不是不懂得宗教的定義，而是受了一些不容易理清楚的觀念所困擾，比方說他們總是把「一個宗教」（a religion）和「宗教信仰」（religious belief）混在一起；他們也許認為只要是宗教，就應像基督教、道教或佛教那些有組織、有經典的那種教派，而對於沒有組織的宗教現象或宗教行為，就不承認是宗教，我想這是他第一個不能解決的問題。他的第二個不能解決的問題，是因為行政人員他們總是在看問題的時候，先把價值觀念放進來，總覺得對社會有益的才是宗教，對社會有害的便不承認是宗教，所以經常要追問宗教與迷信的分野，希望能把迷信或有害社會的排斥於宗教之外。我認為在瞭解問題的時候，不應該先把價值觀念放進去；不管有害或是有益的都是宗教，然後再來瞭解它的內容是什麼，到了應用的時候再來判斷它的益處和害處，那麼這樣就可以解決很多問題。我覺得假如能對這些問題瞭解多一點，尤其是人類學家對於行政人員給予更多有關宗教方面的知識與建議，一定有助於宗教問題的處理，特別是如法律的制訂，或者對宗教學院課程的擬定，將有很大的助益，這方面實在很重要，但時間已到，也許另外機會，再作細談。

民國七十年十一月廿九日在中國民族學會第十一屆大會上講演，

原文刊登於「中國民族學通訊」第十七期

肆、從人類學的觀點看經濟發展與生態環境

很高興有這個機會參加思與言雜誌社舉辦的這個座談會，但實際上，我個人對於經濟發展與生態環境之間的關係，只是偶爾涉獵一點，並沒有真正很深刻的研究，也沒有真正很具體的資料，所以我只能從比較整體籠統的立場、觀點來談這個問題，我想剛才吳教授已經說得很清楚了，經濟發展之後引起的整個環境的破壞，整個生態環境的失掉平衡，致造成全人類居住環境的大危害，所以在經濟發展到一個階段，對於生態環境的保護與維持，是一個非常必然一定要注意的問題，也是一定要努力去做的問題。

但在這種環境保護、維持的呼聲中，也有一些反對想法：覺得如果要促進生態環境的話，過份的注意生態環境，對於經濟的發展是不利，或者是一種反發展的情形。這一點是很要加以檢討的，以我的觀點來看或由文化學、人類學的立場來談，生態環境的維持，未必真正造成反發展。之所以被認為會造成反發展，是因為有一些不正確的觀念或一些不正確的文化因素存在，所以才會有維持生態環境均衡或維護生態環境平衡會造成反發展的產生。尤其在我們國家裏，這些觀念

的存在，使我們覺得生態環境的維護與發展完全是衝突的，又因這些因素在我們文化裡存在的特別明顯，所以才會產生生態環境的維護是反發展的情況。事實上從比較長遠的眼光來看，生態環境的維護並不一定完全會反發展，對於發展或許是會有一點轉換，但並不能真正造成反發展，因此，我今天晚上想和諸位提出的看法是從對整個人類發展過程中的一些觀念，覺得有若干觀念是應該澄清它的，這些觀念澄清之後，也許對我們來談生態環境的維護與經濟發展之間的關係到底是如何會有一點幫助，所以我在此至少提出三個一直存在我們中國文化社會裏的重要觀念，換言之，這些重要的觀念也就是導致我們覺得生態的維護與發展是完全衝突的因素，以下就讓我從這三點來探討：

（一）我覺得我們在經濟的發展或對於社會文化的發展的過程當中，我們多少都是相當的短視，相當的沒有長遠的看法。而在很多發展國家中，這種短視、沒有長遠的看法，也是經常有的現象，但在我們的文化當中，這種短視或沒長遠的看法，似乎又特別厲害一點，我認為現在我們的社會裏非常重視眼前的利益，甚至於可以說是急功近利了。每做一事，都傾向於撈一筆就算了，也不管其後果如何，更無需談及為了將來子孫和環境要如何了?像這種態度，在我們的社會裏，是非常瀰漫、流行的。實際上，整個經濟的發展到了某一個程度時，眼光應該是要看的長遠些的，應該把經濟發展與社會發展視為同等重要，互相配合，維持一個「長遠就好」，不能單只維持一個「馬上的好」「立即的好」，但可惜的是，在我們文化當中，經常有這樣的因素，所以使我們覺得好像要維護生態，就會妨礙了我們當前的經濟發展，如此一來，就非常危險了，我想這就是短視的眼光所造成的，然這種短視的眼光在我們文化裏卻是相當根深蒂固，很明顯地表現在各種不同的行為上。比方在商業行為裏，我們常可看到做生意都是撈一票，能夠賣出去就算了，根本不準備做下一次。在國際商場上，也常常發生類似情況，只要能賺到錢，規格合不合是另一回事，完全無視於國際商業信譽的重要，我覺得這種基本的態度是非常短視的，太過著重於「馬上的利益」——今天馬上能得到的利益。像如此不注意將來利益的態度行為，攤販就是最顯而易見的例子，我們整個臺北市的市容，最難維護的一個困擾就在攤販，我想攤販之所以會出現大概就是存著這種撈一票就走，貪小便宜，立即的利益的心理而引起的。我想經濟發展關乎整個國家的前途，所以絕不能用這種態度來看它，維持經濟的成長到一個程度，對於將來物質的利用、資源的利用應該要有一個長遠的計劃，用它還要能維持它的長遠的運用——一個相當有利成長比例，如此對於我們整個社會的發展才會有用處。過份的用，只重當前的利益將會造成很多不良的後果，所以經濟發展到目前這個階段，假使我們不再注意整個生態的話，那麼我們終將碰到前所未有的困境。

在我感覺上，現在年輕的一輩比年紀大的一輩更為急功近利，更是只求當前、馬上能夠得到的金錢，這現象不僅僅存在一般的社會裏，甚至於在學術界，我們都可以看得到，年輕的一輩對於立即的利、立即的名份的看重，實際上是個很不好的現象，這種現象嚴重地影響了整個社會的發展。對於現在一般人這種只顧當前、只顧馬上的用，完全無視於將來發展，我個人即曾有過一痛心的例子，在此舉出來和大家說明一下：前些時候，某一電視公司，製播一個長期性的科學節目，每週播映一次。有一次找我做關於人類進化這個單元節目，為使節目播出時更臻完善，需要很多的圖片，於是我去圖書館借了很多書，但不巧有一本圖書館沒有，我只得向同事借，好讓製作單位翻照彩色圖片，當翻照工作完成後，我一看，覺得所翻圖片做得實在少，當下，製作人——一個年輕的小姐，也把書還給了我，通常我不是拿到自己的書，我很少去翻，但當時也不知為何我卻翻了下，這一翻我可嚇了一跳，原來她把書中好幾個漂亮的圖片給剪了，也沒通知我一聲：「李先生，我這節目要做來不及，圖片只好先剪了，我重買一本書賠給您，這本書需要多少錢？……。」幸好當時我翻了下，否則書若還給了人家，我不就慘了。試想一個電視公司翻照的設備應該很方便才是，就算真的來不及，也不該如此不負責任，最後實在沒辦法啦，我只好自己透過外國朋友趕快買書還給人家。像這個例子，只為了本身的利益、方便，也不告訴我就把書剪了，難道她不是讀書人？不懂愛護書？社會如果急功近利到如此程度，那問題可就大了，所以我認為短視、急功近利，恐怕就是使我們覺得生態發展與經濟成長會有直接的衝突的主因之一。實際上，從長遠的眼光來看，經濟發展應該要有長遠的計劃，對於整個社會來講，我們利用資源，不但應該注意到下一代的使用，即使我們用它，也該注意：一面用它、一面維護它，如果對於整個生態環境與經濟發展均能作長遠性的計畫，那麼兩者即可相配合，或許中間的衝突無可避免，但絕不是很嚴重的，我認為一個有長遠計劃的經濟發展，一定要包括對環境的保護及對資源的慢慢利用。我們中國古代非常重視「細水長流」的觀念，我想在現代的社會裏恐怕是需要特別提倡了，假使從這個角度來看，我深覺生態環境的維護實未必真正完全與經濟發展衝突。事實上經濟的發展若有長遠計劃，也才能真正保證將來我們有更好的經濟成長，否則任何資源一下用完了，明天也就沒了。比方石油，根據經濟學家們的估計，假使像我們現在這樣使用石油，那麼公元兩千年所有石油將消耗殆盡，無法再供給人類需求。所以我覺得短視、沒有長遠的看法，是使我們覺得生態環境與經濟發展會有衝突的一個重要的文化因素。

（二）我所要談的第二種文化因素缺點是在我們社會裏一種流行的看法，阻礙了這兩者間的均衡發展，使我們經常缺乏一種整體性的看法，我想這種整體性的看法是可以從很多不同的方面來發展它，而生態環境更是整體的存在，研究生態的人應該都清楚，一個整體的生態，倘若某一部分遭受到破壞，其他部分也會引起連鎖的作用被破壞，剛剛主席談到長江上游的樹林被砍伐，導致影響整個長江水域，引起很大的災害，而且不只是一代的，恐怕要遺害萬年，由此可見生態體系只要有一點、一個角落被破壞，對整體環境的破壞都是很明顯的。譬如前幾年台灣森林被過份繁殖的松鼠破壞，原以為有其他因素，其實這是整個生態環境的改變所造成的，因為那些抓松鼠的老鷹、飛鳥滅少了，所以使得松鼠繁殖過度無法維持其生態平衡，也因此致使整個森林環境的破壞。另一個生態不能維持平衡的著名例子，就是中共早年驅麻雀的例子：中共在華北平原認為中國人多好做事，所以當在麻雀多時，就發動華北所有村落的人力，於同一時間，拿著鑼，拿著鍋、拿著任何可以敲得動的東西站在麥田裏同時敲，麻雀因為飛到哪都無法休息，最後飛累了也就死掉了！那一年因為麻雀少了，所以大麥豐收，但是第二年蝗蟲卻漫天遍野地來了，這是因為麻雀死了沒辦法吃蝗蟲，致帶來了比去年更大的災害，第一年收成存下來的根本沒辦法彌補第二年蝗蟲所帶來的災害，可見生態的均衡是很微妙的，一點被破壞，整個其他的均衡也就完了。而現代社會缺乏的就是這種整體的觀念，覺得什麼都沒關係，只要自己方便就好了，比方會在風景區開設水泥廠的人，他就絕對不會想到水泥廠不但破壞風景，而且把整個生態的存在給破壞了，又如在梨山種植果樹的影響，這些都是對整體生態無法真正了解所引起的後果。我覺得我們社會裡這種完全漠視整體的觀念，不僅只發生在不瞭解生態上，而且是連帶的一大堆，最明顯的就是所謂公德心問題，「只掃門前雪，莫管他人瓦上霜」的陳腐觀念依然存在我們的社會裡，甚至於我們整個行政體系也都各自為政、各自爭功，像財政部與經濟部間的爭執、經濟部與內政部間的糾紛、內政部與臺灣省政府間的衝突等都是對整體的觀念缺乏所致。又好比台電，總覺得只要我台電生產多就好了，管他後果如何?事實上呢?電多了，沒人用，不也白白浪費資源了嗎?對於整個問題的存在，沒有整體的看法，我想這困擾該是我們文化裏一個很重要的因素。

我們談到生態環境，經常會有些誤解，以為生態環境只止於物質的環境，其實生態環境應該是包括不同的形式，有物質的環境、生物的環境、社會的環境，三者連在一起的生態環境。我們有時候還會特別注意下物質的、生物的環境，但社會的環境卻經常為人所忽略，比方：在花蓮開設的水泥廠，大家都只注意到它對觀光資源的破壞，較少注意整個物質環境與生物環境的破壞，而社會環境的破壞就更少人聞問了，在這一點上，我必須強調的是，幾乎所有在臺灣東部開設工廠的，都忽略了社會環境的因素，他們在那設廠最大的困境，當然是對整體環境的破壞，但對於居住在那裡的另一些人的破壞——非漢族文化的高山族，影響可就非同小可了，高山族雖然與我們文化不同，但他們也還是我們整個社會的一份子，他們假如不好，對我的社會也是不好，假使他們失業、流落失散，成了失落的人，那麼就會形成社會的負擔，對我們整個社會而言更是不好。諸位要知道，所有在東部開設工廠的，都是在二十四萬公頃的山地保留地裡，山地保留地原本是三民主義政策下對維護少數民族能夠繼續生存的一項好設施，這二十四萬公頃土地，最早是不准漢人進去，只有高山族才可在那兒耕種，後來因為經濟發展，覺得對這二十四萬公頃土地的利用非常低，所以才修改它的辦法，規定：假如有好的開發計畫的工廠，可以租用這些土地，但是，在租用這些土地時，必須是能對當地高山族有所利益，至少要接受他們作為工人的前提下，工廠方可開設。這種規定，固然很有道理，但事實上卻不盡然如此，譬如某一水泥公司，租用的是秀林鄉山地人太魯閣邊上的土地來設廠，在接約時言明至少要用三分之一的高山同胞為工人，但是開工之後，一個高山族工人都沒有，他們理由是：「水泥廠需要的是技術工人。」既然如此，當初訂約為何不說清楚要的是技術工人？起用了人家土地，才出爾反爾，這對整個高山族不啻是一項很大的打擊，而且對於整個發展作業，也產生重大的影響。所以千萬不要認為高山族人口只佔我們人口的百分之二就忽視了他們，這百分之二的人口，假如成為社會的負擔，對於我們整個社會的成長，是會造成很大的困擾，像為都市帶來如賣淫、風化、犯罪等社會問題，對整個社會的影響可想而知。

對於山地的開發，從我們研究高山族發展的立場來看，經濟的發展，我們可以做某一個程度的贊成，但是這個開發的利益、開發的重心，應該以高山族的發展為重心，不應該以外來人之發展為中心，讓高山族得到發展，自然，我們這個社會也可得到利益，否則，僅是利用一些不合法的辦法，侵害他人利益，不但對整個社會沒有回報，且使我們整個社會無所依歸，所以，以我的立場來看：那些水泥廠破壞高山族的整個生態比破壞我們整個觀光事業還要更嚴重，這種現象我覺得就是因為我們缺乏把所有的人看成是我們整個社會的整體觀念，老以為那些非我族類的人是下等人，最好是沒那些人存在，這種唯我漢族獨尊的觀念，我想，乃是對整體生態環境不瞭解之故，一個完全現代化的多元社會是不該有的。生態是一個「鍊」牽在一起的，且對於整個社會環境，也是非常重要的，這個特別的例子，就是不把社會當成整體的看法而產生，也是我們社會裏一個很大的文化特性，更是阻礙我們往後發展的第二因素。

（三）我們在經濟發展之後，愈來愈注重物質的享受，隨著經濟不斷地成長，慾望更是無止境的擴張，而擴張的主要對象還是物質的享受，這種對物質的無盡榨取，固然破壞了生態環境，但對於我們中國社會文化的特性來說，物質的享受又特別偏向於某一方面，也因此使我們對整個經濟發展取向與生態環境造成重大的衝突。中國人在物質享受裏特別重視「吃」，吃東西的文化發展到變成一種非常奇怪的現象，那就只偏好一些古怪的東西，例如中國人的進補，都是吃一些非常奇異的東西，然而這種「吃法」卻正是破壞整個野生動物生態最根本的原因。像台灣的鹿，我們自研究臺灣發展史的學者得知：當明末清初（亦即鄭成功時代到清初）台灣每年輸入大陸的鹿皮，有二十萬張，但到了雍正、乾隆年間，就只有五萬張，至於現在可謂絕跡了，目前一隻野生的鹿要賣上五十萬台幣，如此一來，就只得自己飼養了，但要將野生動物變成家生，並非幾年之事，而且鹿變成家生後，由於內交頻繁的關係、品質都降低了，然中國人為什麼還要吃鹿呢？大家都知道，主要吃的是鹿茸和鹿鞭，實際上這些東西的營養價值並不高，只因為其形狀特別，而中國人就把這種曖昧，模稜兩可的東西認為最補，又如穿山甲、白狗、海馬、海參……等等都是。可見我們就是一個如此奇怪的民族，常以為野生動物比家生動物營養，這種沒有道理的文化現象，本來也沒什麼不好，但發展到現在，整個生態環境卻已遭嚴重破壞。由此可知一個民族經常會因為一種較不理性的特別發展，而引起很大的環境破壞。如果我們能把經濟成長後的結果用於其他方面，不完全浪費在吃上，比方用在其他文化中，或許慢慢的，我們也會對自然產生欣賞，對整個環境的維護產生一種革新，然一直迄今——一個很現代化的社會，連受過高等教育的大學教授，都還是無法完全擺脫這種文化約束力，這也正是為何我們的需要會與整個環境的保護產生很大矛盾的原因，因此，如果我們想真正做到生態維護與經濟成長相互平衡的話，那麼這些文化上不合理的困境的觀念，就得先去除掉才行。

民國七十二年十月五日在「經濟發展與生態環境」座談會講，錄於「思與言」雙月刊第廿一卷第五期，民國七十三年一月十五

伍、以「人」為中心的文化發展

一

文化是一個民族、一個社會存在的基礎，因此每一個有活力而努力往前的民族無不在不斷追求其文化的更加豐裕，促使其文化的更能適應時間與空間上的需求，換而言之，每一個民族都在尋求其文化的發展。近年來我國政府與民間在文化復興與文化建設上正大力提倡，顯示出一種文化發展的尋求與決心。但是文化是一種最難捉摸的東西，不僅其內容難於確定，其發展的方向更是難於把握，有時連文化本身是什麼，其存在的意義是什麼，都不是那麼容易弄清楚的。因此，在尋求文化發展的過程中，一定要從理論的層次上經常給予檢討和反省，然後其發展的方向才不致於偏離，發展的內涵才不致於錯失。

民國六十九年中央研究院三民主義研究所舉行第一次社會指標研討會，筆者曾在會中提出一個看法，認為社會指標之外，我們也應該建立「文化指標」，用以衡量文化發展的水準。從一個角度看，「指標」的建立總是好事情，有一個客觀的標準來評量發展的水準總比沒有好。但是客觀的「指標」建立之後卻最容易「客體化」，而完全忘了主體的存在，比如說，衡量文化發展的水準用休閒娛樂的設施增加多少，全年舉行多少次音樂會表演會，全年出版多少典籍，舉行多少次展覽等等，固然也有其某一程度上的重要性，可是幾乎完全忘了以「人」為主體存在的意義了。這一次的研討會，提出了「人」為中心的議題提供一個很正確檢討反省的方向，實在是很難得的機會。

二

人與文化的關係是多層面的，假如文化發展的方面只偏重於某一層面，而忽略了另一些層面，就容易造成畸形的發展。文化對人而言，是有意義作用的（meaningful），假如忽略了文化對人本身的意義，這就失去其實際存在的真正目的。

人與文化關係的層面是多重的，若從大類別著眼，則可分為三個層次：首先是人與自然的關係；一般通稱為「技術文化」或「物質文化」、其次是人與人的關係，一般稱之為「社群文化」或「倫理文化」；再次是人與超自然的關係，一般稱之為「表達文化」（expressive culture）。在文化發展的過程中，這些不同的文化層面不但要相當周延地顧到，而且要注意其優先順序；不能面面顧及固然會有畸形的發展，不注意優先次序，或弄錯了次序也會產生事倍功半的後果。文化不但是多層面的，而且是有意義作用的；文化對人所產生的意義作用，從一個角度來看，可分為三方面：認知（cognitive）、規範的（normative）和感情的（affective）。文化提供一個人在空間、時間、自我存在等認知方面的意義；文化也帶給人如何行動、如何實踐自我的準則；而在自我認知、實踐自我的過程中，文化也帶給人喜悅、快慰等感情上的滿足。這三種文化的意義是相輔相成的，缺一而不可，因此在文化發展的行動中，都是應該著重其均衡意義的保持。下文擬就上述的這個架構，對以「人」為中心的文化發展提出若干看法。

三

從不同文化層次均衡發展的立場看，當前的文化發展工作似有較偏向於某一層次的趨向，不是較著重於人與人關係之倫理文化的復振發揚（如文化復興運動），就是較著重於「表達文化」的推展（如文化建設活動），而其間經常被忽略的是「人與自然」這方面文化的強調；我們不但非常忽略自然環境、生態系統的維持保護，也對各種資源的保持利用問題甚少加以注意，實際上我們大半不把這一方面的問題看作是文化的一部分，因此對人的空間生活所引起的種種問題幾乎完全忽略，這是最值得先加檢討的一個項目。

近年來國際觀光場所如機場、旅社及遊樂園地已對臺灣旅客的「急躁」與「爭先恐後」深具印象，這就是我們對於人存在的意義及其「空間文化」未能及時加以培育產生的後果。在一個這樣擁擠的環境裏，人所受壓力是非常巨大的，假如未能加以合理的設計與培育，性格的急躁、遇事的爭先恐後仍然是較輕微的徵候，而暴力頻仍、犯罪行為的高升，甚至於整個國民精神健康的破壞，才是更可怕的事。擁擠固然不是一個好現象，但是並不一定與罪惡或精神崩潰有必然的相關，荷蘭人口的擁擠遠較意大利為甚，但是荷蘭人懂得如何培養一種合理的空間文化，所以他們不但花圃美麗而且人民生活悠閑舒適，犯罪率遠比意大利低。我們當前面臨最大的困境是人口過多，生活競爭激烈，因此在發展文化過程中，優先順序應以發展一個合理的「空間文化」為第一，也就是應該首先著重於「人與自然」關係一層面文化的建設，何況我國固有文化之中，仍有不少善於調適自然的觀念可供發揚，但是一般文化發展的工作，只著重於形式的推演，著重於一些脫離時空因素之理念的「內衍」，而完全忽略掉文化發展的優先順序，甚至於不能瞭解文化的真正內涵，而其中最主要的因素無疑是忘了「人」是文化發展的中心，所以才會造成這種偏向。

四

即使暫且不談文化內涵優先順序問題，單從一般所強調的文化層面來考察，我們也可以發現仍然相當缺乏以人為中心的發展觀念，目前文化復興運動最強調的文化層面是「人與人關係」的「倫理文化」，強調人與人關係的「倫理文化」是非常正確的，因為那是中國文化的特性之一；所以加以強調發揚，是現代中國人責無旁貸的事。可是，要在此地加以發揮的是，強調中國文化特點的「人與人之間的關係」，並不是同時意含著應該強調那一些人與人之間的關係，換而言之，強調文化的特性與強調文化特性的內容細節應有不同，前者可不因時空而有異，而後者則必須因時空而不同，這才是發揚固有文化的真義。否則就只是延續而不是發揚。

傳統時代的倫理文化若以現代社會的觀點來看，其所強調的人與人之間的關係是一種「自己人」的關係，而較忽略了一般「人」的關係。這裏所說的一般「人」，並不僅指「自己人」之外的「其他人」，而同時也意含著對「人」的基本看法在內。傳統倫理文化強調自己人的行為準則，在現代社會已不夠用，要發揚固有文化的特性，就必須增加對其他人的行為準則，以便更能適應現代生活的需要，在這方面前此的「第六倫」論辯已很多，本次討論會的主持人朱岑樓教授也有很詳細而精闢的分析，所以不再贅言。在此地要稍加發揮的是有關「人」的定義問題。傳統文化中不但只著重於自己人，而且著重於自己人中的正常人，而對於傷殘、身體機能不全，以及精神異常的人都沒有很肯定的說法，換而言之，是否把這類的人算「人」是相當模稜兩可的，也許就是由於這種曖昧不完整的「人觀」，所以使我們社會中的殘傷不全的人的地位一向極不明確，對傷殘的救助遠不如對貧窮賑濟，而傷殘福利法以及心理衛生保健法都是歷經災難才有部分的成果，這都是人與人關係的內涵不能因時空改變而有所擴大的後果。

再從另一方面來看問題，較新的文化建設活動，似乎特別強調「表達文化」（expressive culture）一層面，在這裏我們沒有足夠的時間和篇幅來檢討這一強調所產生的可能後果，所以只能以之為例來討論文化意義的認知、規範與感情等因素。表達文化的層面不論是藝術展覽、音樂舞蹈表演、古蹟保存和民俗技藝推廣等都很容易牽涉到選擇的問題，例如前些時候舉行美術展覽時若干裸體畫就不為展覽場所的接納，這是因為規範的標準有別，雖然在認知的因素上也許被認為很合乎現代的時空標準，在感情上也許覺得它很可欣賞，但是卻未能通過道德規範的標準而被拒了，由此可見認知、規範與感情三個因素配合的重要性。但是，在古蹟保存的行動中，認知、規範與感情三因素的文化意義卻產生了為誰的意義而存在的困境。

古蹟保存的行動對我們這些大傳統的知識份子而言，是無可懷疑的維護文化命脈的事，但是對小傳統的非知識份子而言，保存那一些古蹟才對他們產生意義？有一些古蹟的保存實際對他們不能有所認同，不會產生喜悅，甚而對他們的生活產生很多困境，因此很多年輕人與起為那一些人而保存的問題。筆者的一群「應用人類學」的學生到鹿港去考察觀光設施與古蹟保存效果，他們主要的發現是當地大部分居民對於重要古蹟的重修維護以及現代化的觀光設計都不真正關心，他們關心的仍然是那些廟宇的事，因此我的學生們提出的問題是這些文化建設是為誰而有的，難道只是為了一些少數外來參觀的人而建設，而不是為當地的人而建設的嗎？我的回答是古蹟的保存對當地的人具有教育的意義，但是學生們並不能滿意，認為為那些人而保存的問題仍是值得多方面再加檢討，他們覺得不應該以我們知識份子的文化意義加之於其他人的身上。

教育的意義在古蹟保存的項目上也許仍有爭議之處，但是在民俗技藝的推廣上卻是非常確定的。民俗技藝既然有「民俗」之名，所以是「俗民社會」（folk society）、鄉民社會（peasant society）或農民社會的產物，而不論是俗民社會、鄉民社會或農民社會之所以有異於現代社會，就在於其習慣、行為、想法與現代社會不同，所以其「民俗」必有與現代社會生活不配合、不適宜。甚至於矛盾之處，因此我們應該慎予選擇，即使有些人認為那是很美，很配合鄉土的事，但是站在促進社會現代化的教育立場，仍應堅持摒棄，例如最近高雄縣出現學生參加「八家將」的民俗遊行事，學校要禁止，家長與議員卻為學生撐腰，站在文化意義的立場上，我們認為「八家將」是最壞的民俗活動，因為參加的人在出遊的最後總是要進入精神恍惚的狀態，也就是精神醫學上所說的 trance 狀態，這種精神狀態對於正常的人來說實是很不健康的，試想一個人動不動就會進入像催眠的狀態，他的精神會是健康的嗎？而「跳」八家將是群體的事，假如有很多中學生都參加這種「民俗遊行」，以致於在教室中集體進入精神恍惚（去年高雄縣茄定鄉某學校就有此現象），那是多麼危險的事。再擴大而想，假如這種活動被推廣為普遍的民俗活動，我們豈不是要有常常會進入昏迷的下一代了嗎？那麼整個國民的精神健康危害就很大了，所以跳八家將的事，即使議員和家長們在感情的層次上是多麼喜歡，但是在規範上那是一種不健康的行為，在認知上那是不合於現代時空的一種活動，所以我們應該糾正之，我們要的民俗技藝是能幫助我們成為現代人的民俗技藝，我們不能讓民俗活動把我們的下一代變成不健康的人。

民國七十二年八月十五「人——發展的中心」研討會論文

陸、當前青年次文化的觀察

最近臺視的一個節目——「大學城」頗受到年輕人的歡迎，這個節目受到喜愛的原因，固然由於其本身即是一個年輕人的節目，但是首要的仍然是因為節目中以表演「校園歌曲」為主，以及附帶的教唱「手語歌」，而「校園歌曲」與「手語歌」正是當前臺灣青年次文化的兩個重要的項目；校園歌曲的純真、活潑，以及其所表達的意識，手語歌所流露的簡潔、趣味與社會關懷，也正是今日青年次文化的特色，所以「大學城」會廣受年輕人的歡迎，因為這是他們特有的文化的一部分。但是什麼是「次文化」呢？什麼又是「青年次文化」？

一、什麼是青年次文化

「次文化」（subculture）是研究社會文化的人所常用的一個名詞，這是指一個社會中不同人群所特有的生活格調與行為方式而言；每一個社會都有許許多多的「次文化」：不同省份的人有他們特有的風俗習慣與生活傳統，因此就形成很多不同的「地方次文化」，四川、湖南人的好吃辣、山東人的好吃大蒜，湖南人的被謔稱有「騾子脾氣」、客家人的勤勞性格，以及江南的「吳儂軟語」等等，都可說是「地方次文化」的好例子。不同年齡的人，也有他們特有的生活習性與人生態度，因此形成不同的「年齡次文化」，例如老年人的穩重保守，講究形式、規矩特多，都可說是「老年次文化」的特色．但是在年齡次文化之中，青年人的次文化最受人注意，一方面是由於青年次文化在整個大文化中經常表現得極為突出，引人注目，甚至令人側目，另一方面則由於青年人是未來社會的主幹，因此其所代表的次文化經常可以測知未來文化的動向，所以不僅是研究社會文化的學者對青年文化的現象特別注意，主管文化與青年的行政部門也不能不加以關注。

二、青年次文化的特徵

所謂「青年次文化」也許更具體地說是代表一群由十六七歲至三十歲，或者是由高中階段至大學甚至研究所階段的青年人所表現的心態與行為特徵，由於這一群人大都是生理與心理已臻成熟階段，只是在經濟上或社會地位上尚未取得完全獨立的狀況，因此在心態與行為特徵多少表現出一種不能滿足，甚而有所抗議的趨勢，這是血氣方剛，懷有無盡理想的青年人特有的性質。根據我們的觀察，當前臺灣的青年在各種行為的表現大概可歸成四個特徵。這四個特徵分別是（一）對形式主義的反抗、（二）對機械化生活的不滿、（三）對功利商業主義的抗議，以及

（四）自我表現的趨向。由這四種特徵又表現出更多的青年人行為與心態的特點，下文我們試對這些青年次文化的特徵及其所表現的許多特點加以分析與說明。

（一）對形式主義的反抗—如前文所說的，這一階段的青年人雖已在生理心理上臻於成熟，但在經濟或社會地位上卻未完全獨立，多多少少是在成年人或家長的支配之下，因此最容易有意無意地產生抗拒成年人的心態，這種心態最主要的表現就是對成人世界的形式化，規矩太多以及繁文褥節的反抗。青年人因為社會地位與角色的不同，所以最不習慣於成年人的種種形式化生活方式，最懼怕成年生活中種種拘束行為的規矩，這種心態可歸納而稱之為「對形式主義的反抗」。由於這種對形式主義的反抗，青年人在行為上表現出三種明顯的特點，那就是：（1）不論在行動或服飾上處處流露不拘形式，不墨守成規的習性、（2）偏好簡潔、省略，不繁文褥節的語言、應對與人際關係、（3）崇尚自然、本性，不客套、不虛偽的生活。這三項可以說是當前青年次文化的主要特點，表現在青年文化的內容上也可以說是處處可見的。

（二）對機械化生活的不滿—工業社會的冷漠、機械與單調、枯燥特性一向為人所詬病，而青年人對它的感受更較一般成年人為激烈，他們不滿於工業社會的刻板、機械的生活，他們不滿於工業社會的冷漠、現實而缺乏人情味的人際關係，他們更不能忍受在複雜龐大的系統中，個人像螺絲釘一樣地完全失去其主動與自尊，因此表現在行為上也可看出如下的三個特點：（4）在行動上趨向於活潑、明快、不呆板、有情趣，甚而是調皮的特性、（5）因為對現代工業社會的不滿而致產生回歸田園、回歸鄉土、喜愛民俗、民藝，尋根追源的風氣、（6）追求創新、創舉，進而偏好突出的表現、「前衛」的行動，甚至於標新立異，以上所表現的三個特點，實際上也與前段所述的三特點互相應和，例如同歸田園、鄉土就與（3）崇尚自然、本性相配合，而活潑不呆板則與（1）（2）的不拘形式、不繁文縟節歸於一體。

（三）對功利商業主義的抗議—現代化商業社會的功利主義與唯利是圖，商業社會下所產生的缺乏靈性與銅臭味商品化藝術等等，經常是青年人最不能忍受的對象，對於這些商業社會功利主義產品的抗議，則又表現於如下的另三個特點：（7）對抗重金主義而產生崇尚無代價，無報償的慈善活動，表現於社會關懷、他人關懷的種種舉動上、（8）追求脫俗、追求靈性與真實的美感與藝術、（9）喜愛群體生活，從群體活動中追求非功利的友誼，找尋心靈自然的流露。

（四）自我表現的趨向—前述三項都屬於有所針對而引發的特徵，最後一個特徵則屬自我體認所產生的。當前青年次文化不但表現如（6）特點所說的創新創舉，甚至於標新立異，而且也處處表現尋找自我，發揮自我的企圖；這種尋找自我的企圖不僅表現在（10）追求自立、自主，喜愛直接了當的行動，同時更進一步與尋根、回歸本性、標榜鄉土等項特點相結合了。

三、青年次文化的內容

上述種種青年次文化的特徵與特點的相互配合，於是產生了極為複雜而多采多姿的青年次文化內容，下文從青年次文化的語言、服飾、音樂、藝術與生活方式等方面對青年次文化的內容再加分析探討。

（一）青年語言或學生語言

青年學生經常有他們特有的辭彙和語言訊息的表達風格，這是青年次文化中重要的成份，這種流行於年輕人中的語言格調一般稱之為青年語言或學生語言，對這種青年特有語言的探討也是社會語言學家甚至文學家最有興趣的項目之一。臺大外文系教授黃宣範先生前不久曾發表過一篇非常有趣探討學生語言的文章，文中所舉的例子很多，有些語彙或表達方式是年紀大的人不易懂的，有些則是上了年紀的人不敢講或講了就不怎樣像的，例如年輕人口中流行的「哇賽！」「很菜」、「很鮮」、「凱子」、「馬子」等等都是。年輕人的語言中也特別喜歡用省略的表達，例如「文學概論」是「文概」（容易聽成「文蓋」或「文丐」），「山地服務隊」或「社會服務隊」說是「山服」或「社服」，而「動力機械系」說是「動機系」、「食品營養系」則是「食養系」。還有他們也特別喜歡用調皮的表達方式，例如剛好得六十分，稱之為「低空掠過」，好拿分數的學科稱之為「營養學分」等等。這些青年語言都明白表映出上節所述青年文化中不拘形式、偏好簡潔、省略，而帶有活潑，甚而調皮的特點，這也正是對形式化以及機械生活反抗的行為表現。

其實青年語言並不僅限於口語的形式而已，廣義的語言應該包括任何訊息的傳遞方式，我們在本文一開始時說到的手語或「手語歌」，實際上也是青年語言的一種，這種原先是啞吧的人專用的手語或手語歌之所以在年輕人之中甚為流行，除去富有簡潔、活潑與略帶調皮的特點之外，又是前述青年文化（7）特點社會關懷的表現，而社會關懷的行動又是對功利的商業主義對抗的轉化。所以在青年人所特有的語言表達方式上，我們已可以看出三個主要特徵都在交互作用中。

（二）衣服與裝飾

青年人的衣服與裝飾比語言更強烈地表達青年文化的特點，因為衣飾最能藉以表達自我的影像，發揮自我的意願，同時也最能顯示抗議與不滿的感情。青年人的衣服一向走在流行的前端自不待言，不論在形式、風格、色調上都表現突出、追求新潮，甚而標新立異。但是在繽紛雜陳的青年時裝服飾中，卻也有一些原則可尋，其中最重要的一項則是不拘形式、隨便與無所不適。這種不拘形式的特性，可用當前最流行的「運動休閒裝」為例說明。運動休閒裝隨便、舒適、不拘束，同時也不分男女，而今天的年輕人甚至於把它發展到不分早晚，不分場合的地步，不但運動、休閒、外出、上學都穿它，甚至於穿它進出婚喪儀式的禮堂，有時實在不能不使大人們皺起眉頭來。把運動裝當作「萬能裝」穿，可以說是一種不滿於形式化的具體表現。成年人的世界最講究衣著的形式、男女有別自不待言，不同時間、不同場合、不同身分都有不同的服裝，一點都不能隨便，而其形式化的程度更隨身分地位，角色關係的嚴格程度而不同，例如外交界的人不但角色關係最形式化，而且資格深淺更是前後相差一分鐘都有別，所以他們的衣飾最拘謹：大禮服、小禮服、常服、便服都有一定規矩而隨便不得。對身分角色不注重的青年人，這種形式化的衣著對他們當然受不了，所以他們不願受拘束，儘量要舒適、隨便，進而不分時間、場合，甚而連性別之分都不要了。

衣著之外，在體飾方面，最容易作為表達內心感情的是頭髮的處理。自古以來頭髮的形式就不斷地被人們用來作為感情的象徵，而發展到近代更是「變本加厲」。我們的革命先烈實為了剪辮與否而犧牲頭顱，現在我們則為了頭髮長短而與下一代鬧得不愉快。年輕人的偏好披頭長髮，實際上與表現於衣著上的不受拘束、顯露本性、表達自我，甚至於藉以顯示自立、自主是同出一轍的，而這種心態一旦碰到阻力，其不滿與反抗就更趨激烈，所以「護髮」之爭就此而起了。

身體裝飾方面的另一可討論的項目是紋身。紋身的風氣照理來說並不是很普遍的現象，大半較流行於黑社會份子之中，但是近年來紋身的藝匠有增加活動的現象，而另一種與紋身有關連的「紋眉」風氣，也跟著頗為流行起來。紋身或紋眉這一類直接以身體作為「毀飾」對象的習俗，有其極為複雜的文化心理因素，惟在年輕人之中紋身紋眉的趨向，那種表現自我，發揮自我而直接以身體來表現心中意願的特性則應該是佔相當重要的地位。

總之，青年人在種種衣著與裝飾上的繁複與變化多端現象，如從青年次文化的觀點去看，不外乎在表達其不願受形式所拘束、崇尚簡潔、本性，發揮自我，追求創新等等意願。

（三）音樂戲劇

當前青年次文化表現在音樂方面有二個現象最應加以檢討，其一是鄉土音樂的追尋，另一是校園歌曲的流行。

鄉土音樂的追尋在近十年來已蔚成風氣，其中包括民歌、民謠的廣受喜愛與發掘，以及地方樂曲如南管等等的提倡，而民歌手像陳達的被推崇為文化英雄人物，則可說是整個行動的象徵焦點。這種已近乎文化運動的現象，無疑是前述青年文化回歸鄉土、回歸田園、尋根追源心態的具體表現，但是也與崇尚簡樸、追尋自然與本性，還有社會關懷、他人關懷等等特點有密切關連。在校園歌曲方面，這可以說是當代青年次文化的核心現象。校園歌曲的流行自然也與鄉土音樂的追尋有相當關係，但是也有其他重要因素在發生作用。首先校園歌曲的流行可以說是青年人對長久佔據市場的流行歌曲的厭倦與反抗，青年人對流行歌曲的低俗商業趣味，以及缺乏靈性、赤裸裸地愛呀，死呀的歌曲，實在不能忍受。同時另一方面早期的藝術歌曲雖然很美，卻是一種「遙遠的美」，一種缺乏時代感情的美，而且更重要的是那些藝術歌曲大半不適合於團體吟唱，所以青年人也許喜歡它卻不能流行，我想這也是促使校園歌曲之所以風行的一個要素，那就是宜於團體吟唱，藉團體的吟唱以促使心靈的交流，表達一種共同的感情與意識，所以年輕的學生們趨之若鶩。總而言之，校園歌曲的流行代表許多青年次文化特徵的綜合體，代表一種厭棄低俗商業趣味而追求靈性、崇尚自然、真實生活的心態，代表一種回歸鄉土、田園的企求，也代表一種經由群體的心靈的交流，以表達時代意識與社會關懷的意願，由於是這許多特徵的結合，所以校園歌曲幾乎可以說是當前青年次文化的核心。

在戲劇方面，首先會被大家提起的應是各種地方戲劇、民俗曲藝的重振，這些包括布袋戲、傀儡戲、皮影戲、子弟戲、歌仔戲等等都廣受歡迎。民俗戲劇的重振自然與民歌民謠一樣是喜愛田園、回歸鄉土、尋根追源等意願的另一表現，同時也是尋找真實生活，流露關懷他人等心態的複合表現。

但是在尋找真實生活，揚棄形式與虛偽，表露他人關懷意願等特點上，當前青年次文化的更具體表達卻是在去年這一年內的幾部電影上。由若干年輕導演所執導的「兒子的大玩偶」、「小畢的故事」、「看海的日子」、「海灘的一天」等影片的出現與受到相當肯定，不但引起影劇界的震撼，同時更重要的是扭轉了大學生不看國片的傳統。青年大學生不看國片，是因為從前的國片不能表達他們的感情。不能引起共鳴，而去年的這些影片卻反映他們心裡所想表達的自然、本性的真實生活，沒有形式、不客套、不虛偽的生活以及社會關懷、他人關懷的意願，所以他們會轉變幾十年的傳統，開始看國片了。從一個不帶價值感情的立場說，這些影片並不是怎樣好，而是它們表達了大部分青年心中所企望的東西。

在現代舞臺劇方面，青年們的動向尚未能明確看出，但是最近蘭陵劇坊的演出「摘星」，說明是「探索智能不足世界的舞臺劇」。也許可說是「社會關懷」這一青年次文化特點的另一項表達。

（四）藝術天地

在藝術天地裡，如繪畫與雕塑等需要有長久修持的基本藝術範疇，青年次文化在其中的發展與表現也許不容易看出其頭緒，這也許要等待專家們再作深一層次的探討。但是對民俗藝術與民俗技藝的喜愛，則是近年來青年人重要的一個趨向。在民俗藝術的喜愛上，也許可以舉「陶藝」的普遍流行為例。在陶藝發展的過程中，較早期也許以仿古為主，但近年來創作陶藝已逐漸成為主流，而其間民俗藝術的形式與意境的主導，使陶藝更富有生命力。陶藝發展的這種形態，青年次文化中回歸鄉土，醉心民俗的特色可以說表現最為透澈，何況陶藝本身就是接觸泥土，所以更是一種在形式之外，也在實質上表現出鄉土的氣息。

攝影藝術的表現也充份顯露出回歸鄉土，尋根追源以及社會關懷等特點，謝春德、梁正居等人的作品，最明顯表現出這種風格，其他名家的作品，最可表現崇尚自然，本性的特點，而與上述電影的發展相呼應了。

在表演藝術方面，除去戲劇我們在前文已略加探討，最值得注意的是舞蹈。早期的舞蹈標榜「民族」之名，但失去「民族」之實已為大家所共知。近年來較有深度舞者的領導與提倡，全都在現代舞蹈技巧之中加上民族文化的內涵與意境，大致已得到文化界的肯定。但是現代舞者在發展的過程中，似覺察到只有民族文化的內涵，而缺民族文化在舞蹈形式上的表現，應是一種缺陷，無法把形式與實質融合，使有一氣渾成之勢，所以他們企圖從民俗舞蹈中去尋求舞步的暗示，因此對布馬、車鼓弄、甚至八家將等等民俗舞藝深加探求，冀能從其中得到靈感。這種追尋民俗藝術的趨向，同樣的是青年文化中回歸鄉土這些特點的表現，可是，在這裏似應對此一趨勢先作一點說明，那就是民俗技藝的採擇與模仿，經常是要特別小心的，民俗藝術並非全部都有正面意義的，很簡單地先說明，例如「八家將」在舞蹈時經常要進入精神恍惚的狀態，因此模仿八家將的舞步一定要注意是否會因之而影響國民精神健康的後果，假如會有這樣的後果出現，恐怕不是大家所願看到的。

（五）生活方式與習性

青年人的生活習性以及其一舉一動都有它獨特、突出的一面，例如現在的年輕學生們，在記筆記或寫東西時，喜歡把手上的筆用食指與中指耍弄一圈，這個小動作據說是九年國教開始以後才有的，現在的青年學生們很流行這玩意兒，但等到年紀大一點以後就慢慢地停止了，這一小動作代表什麼意義，實在並不十分清楚，但是青年學生在平常的遊戲上，倒可看出一些跡象，那就是傳統的遊戲玩具以及民俗童玩的重新被拾回，這些民俗遊戲童玩的復興，固然是回歸鄉土、尋找真實生活等特點的重複表現，但是一群有心的人如《漢聲雜誌》的幾位創辦人的努力提倡，也是其中主要的因素。

《漢聲雜誌》在整個現代青年次文化的發展過程中，似扮演很重要的角色。漢聲在草創之時，幾位創辦人無疑仍屬於青年人的一群，他們的熱心追尋文化根源、體認鄉土的文化的意義，富有社會關懷的情操，對青年次文化的諸種特徵都有很大的影響，他們用出版書籍的方法來表達並鼓吹他們的信念，他們編印中國童玩、中國童話、古蹟之旅、中國結、中國米食等等專集，廣受社會的歡迎與肯定，這些書籍不但引起更多青年人對傳統民俗文化及技藝的注意與喜愛，而它們本身即是這些青年次文化特徵的具體表現。當前青年人在生活習性上的另一個特色是喜愛團體生活，盡情享受團體生活。在團體生活中他們培養出一種特有的互動方式，特有的活動內涵以及樸質生活風格，這些自然與青年救國團多年提倡的青年育樂營有關係，但是青年次文化中趨向群體活動的交流，促使心靈自然的流露，排除形式、虛偽與客套的特點，應該也是主要的因素。在青年團體活動中另一個值得注意的地方就是服務性社團的興起。各種慈幼會、社會服務隊、山地服務隊等的積極活動，也表現了青年次文化中社會關懷、他人關懷、崇尚無償還無代價的行動的特點。

另一項青年生活的習性值得一提的是「茶藝」的逐漸流行，這種原來稱為「老人茶」的飲茶之道，顧名思義應是老人或成年人休閒的玩意兒，可是近年來逐漸有更多的青年人放棄喝咖啡或可樂的洋習慣，開始喜愛古老的茶藝，而茶藝館中也不再是老年或成年人的天下了。這種古老茶藝的重新被注重，應該也是回歸鄉土民俗，尋求本性生活等特點的表現。

在飲食方面，喜歡速食簡餐也許也可以看作是青年文化的特色之一。在工業社會裏速食或速簡餐是普遍被接受的餐飲方式自不待言，但是青年人的特別喜愛，似是當作一種喜愛的行為方式而不是一種遷就事實的辦法，麥當勞的震撼已非近日之事，年輕人佔食客中主要成份應是一個好例子。青年人的喜歡速食，可以說是不拘形式的特點，配合直接了當的行為，崇尚簡潔，直接行動，甚至急速達成目的心態之表現。

四、青年次文化的形成

上一節所探討的種種青年次文化內容，也許有人要說那是知識青年的行為，而非全體青年人的文化。這樣的看法自然也是很對的，上面描述的許多青年行動的特點確實大半得自學校青年的觀察，但是我們認為學校青年或知識青年應該是全體青年的主導，他們的行動代表青年文化的主流，而許多青年文化的內容經常由那主流產生，然後散播到其他青年的生活中去。另外一方面，我們之所以用知識青年的行為作為探討青年文化的基本材料，也有其理論上的意義，從下文探討青年次文化形式因素的分析中，就可以看出其中的脈絡。

（一）我們前文說過所謂青年次文化是代表一群由十六七歲至三十歲，或者是由高中階段至大學甚至研究所階段青年人的心態與行為特徵。這一群青年人假如是仍然在學，而未提早到社會去工作，則可說是一批在生理和心理已臻成熟的人，但是又因為仍在學校求學，所以在經濟及社會地位上卻尚未得到完全獨立的狀態。就是由於他們在心理生理已成熟，但又未能完全獨立支配自己經濟與社會活動，所以就會產生對成人社會的種種成規有所反抗的心態。同時更由於這群青年的知識水準都較高，而且在學校的環境中凡事都會較趨向於理想主義，他們也較有機會聚在一起相互討論、思考、對話，因此對現實的一切也就會有較多的意見與批判，我們在前述的幾種青年文化的主要特徵：包括對形式主義的反抗、對機械化生活的不滿、對功利的商業主義抗議，都可說是由這些因素與環境而產生。換而言之，青年文化的產生實有其人口結構特性的意義，在傳統時代青年人在生理心理成熟時，大多數已到社會上就業，只有在現代社會知識專門化需要提高，才有更多年齡較大的青年人仍留在學校就讀，而這一群人數目愈大，青年次文化的形成也就愈明顯，擴散就愈寬廣了。

（二）另一個形成前述青年次文化特徵的原因，則是社會變遷太急速、價值觀念在不同年齡階層間產生歧異所致。在今日這樣一個快速變遷的工業社會裏，價值觀念跟隨著有所改變是無可置疑的事，青年人接受現代化事物的機會與意願較大，因此其對事物判斷的標準也較趨於配合現代化的需要，而與年齡較大或上一代人的價值觀念就會產生歧異，也就是由於這種歧異，遂使青年次文化富有抗議、批判的色彩，一種對既有的制度與價值的抗議與批判的色彩。

（三）在促成青年次文化廣闊形成方面，現代社會的大眾傳播工具居於關鍵性地位。現代社會的大眾傳播工具不但快速、無遠弗屆，同時更是在閱讀、耳聞、觀賞以及色彩各方面極盡傳遞訊息之能事，因此青年次文化的某一內容特色一旦出現，就很快地散播到每一角落，所以即使前述次文化特色的形成是以青年學生為核心，但是由於大眾傳播工具的快捷，所以就很容易傳散到其他青年的身上去了。

（四）當然青年次文化的形成也不能略去青年人特有性格的因素，青年人好動、好奇、反應快速而富有浪漫氣息、主觀色彩與自我觀念較強，因此其所思所行就會出現突出、創新、有異於他人以及表現自我的現象。由於這種青年期的性格特徵，再加上述三種因素的激盪，青年次文化在當前的社會就表現出它不能忽視的狀況。

五、青年次文化的檢討

青年是一個民族的主幹，因此青年次文化的動向關係全社會的文化發展方向至大，假如我們在上文所探討的青年次文化特徵與內容有某一程度的接近事實，則這些特質對未來文化發展可能發生的效果如何，確是很值得加以檢討的事。在本文最後這一節，我們擬對當前青年次文化的正負面意義稍加討論。換而言之，在前面四節裏，我們只是對青年次文化作事實的描述分析，較少有價值的判斷，在這一節中，我們擬從上述事實為出發，對青年次文化作一價值的評判。

（一）在對形式主義的反抗方面。青年次文化的表現出不拘形式、不墨守成規，喜愛簡潔省略、崇尚自然、本性等特點，在一個程度上應該是正面的意義較強，一個社會假如太過講形式，太客套，就易於流入虛偽，青年人的不客套、隨便，很能沖淡形式主義的過份發展，但是太隨便，甚至於超越最低的規範要求，也就會變成混亂不禮貌了，最明顯的是我們在上文已提到的把運動休閒裝也穿到婚喪儀式的禮堂裏去，那就是一種對當事人失禮的不敬行為了。所以不拘形式的行為也還有一定最低的形式存在，如最低的標準都不能遵守，那就會形成負面的意義了，這是頭一項應加檢討的地方。

（二）回歸鄉土民俗是青年次文化最重要的一種特點，但是鄉土民俗也並不是全屬正面的。簡單地說，民俗是農業社會的產物，其與現代社會之間自然有不能相配合之處。某些民俗傳統也許可彌補工業社會之困境，但是也有些會妨礙社會的進步，甚至引起不健康的現象，例如前面所舉學習「八家將」舞步的問題，以及前些時候引起爭議的「拋繡球」的活動等等，實在都不利於現代社會生活的正常發展，因此那一些民俗技藝應該提倡，那一些應該揚棄，最少不加鼓勵，一直是學者們討論的重心，青年次文化在這一方面的發展，實在是應該深加考慮的。換言之，民俗技藝的提倡應該是有所選擇的，不要一味鄉土，而阻礙了社會的進展。

（三）青年次文化中尋找自我、發揮自我的特點，在一方面是產生創新、創舉、以及追求自立自主的行動，這對整個社會文化的往前發展當然是很好的動向，也是最應加鼓勵的地方，因為創新，發揮自我，在現代社會中是文化往前推進最重要的因素。但是在另一方面這種尋找自我、自我表現的心態如過份的發展，則很容易產生自大、誇張、主觀太強的種種行為，那就不是一種健康的現象，這是最要加以考慮、把握的地方。

（四）青年次文化中所表現的直接了當的行動，說做就做的乾脆行為，在現代工業社會中講究快速、效率的情況下，自有其正面的功能，但是直接了當的行為假如發展成為只求目的，不擇手段，或者趨向於急功近利，那就不是一種合理健康的道路，如何在二者之間取得均衡，確是值得加以思考檢討之處。

原載「中國論壇」第十八卷第一期民國七十三年四月

柒、科學發展的文化因素探討

一

民國七十一年十一月廿八日國家科學指導委員會吳大猷先生應人文社會科學雜誌「思與言」社之邀，在該雜誌創立二十周年紀念大會上發表「科學與人文」之演講，在這一次演講中吳先生特別強調科技的不同類別意義及其不同階段的發展，他說：

平常我們常說的科技，只是一個籠統的稱呼，實際上它包括了基礎科學、應用科學和技術三部分，也是三個不同的階段，因此必須把這三個名詞清楚地加以區分：基礎科學這一名詞，是針對應用科學而言；基礎科學僅探討自然的現象，其動機只是求知，而不是以應用為目標……所以基礎科學是人們在完全不受拘束之下，純為真理，為知識去探討，應用科學在研究方法上與基礎科學差不多，但是根據已有的知識、理論應用在具體問題的探討，作有目的的研究。技術則不單是基礎知識原理等的運用而已，而是在具體應用上或應用規模上作更進一步的發展（吳大猷，1983:25-26）。

這三種不同的「科學」不僅具有不同的性質，而且在一個國家的科學發展過程中，也代表一種有機的發展階段：只有在基礎科學發展成為有廣大的基礎上，應用科學的發展才真正有意義，而只有在應用科學發展有相當基礎時，技術的謀求改進才會有所突破。可是在我們的科學發展計劃中，這種有機的發展關係極為模糊，所以吳大猷先生很感慨地說：

我們社會有一現象，一般有責任來策劃科技發展的人，對這個問題的瞭解和著重點，往往仍停留在比較表面的「技術」階段而已。（同上引）

這是很可憂慮的現象，假如策劃科技都以「實用」為目的，以「引進技術」為目標，而忽略了基礎科學的發展，那麼科學的生根就不知道要等到什麼時候了，這是吳先生對國內科學發展的困境所提出主要的診斷。

本文的目的，擬對吳大猷先生的這一意見加以檢討發揮，我們認為我國科學研究的過份偏重實用意義，而較忽略純知識追求的一面，並不是單單在當前的環境下才有的，而是有其長遠的傳統，換而言之，這種偏重實用的趨勢，似是一種文化因素，而不完全是特殊環境下的產物。

二

Joseph Needham 稱當公元一五九三年李時珍編寫「本草綱目」時，西方世界沒一本可以與之比擬的藥用植物學或一般植物學。但是自此以後，中國的植物科學就未再繼續進展，而西方的自然科學研究則有一日千里之勢（Needham, 1970:294-339）。Needham 對中國科學在進代的遭遇挫折雖有相當長篇的分析，但是很可惜的並未能從植物學的特有範圍內深加探索（Needham, 1956, Vol. 2:518-585），倒是著重於小傳統研究的人類學家卻能從食物分類的原則中，悟出一些中國科學發展受挫折的可能關鍵所在，例如 Eugene Anderson 在研究中國食物與藥物的「冷」「熱」系統時，提出一種看法，認為傳統中國對動植物分類的標準過分偏重於「實用」的意義，因而影響對自然界純知識追求的趨勢，就是一種很可以再加延伸探討的觀念（Anderson, 1982）。

人類學家向來對中國人食物與藥物中冷熱系統的觀念有很濃厚的興趣，近年來從事研究者為數也不少（Anderson 1975, 1980, 1982; Croizier, 1968:Gould-Martin, 1976; Topley, 1975; Wilson, 1975; Wu, 1979），但大部分仍然不免受到西方科學分類觀念的宥限，所以對傳統中國食物藥物的知識累積雖甚多，而對其根本原理則未能真正把握到。

我國傳統食物系統中的冷熱觀念有其長遠的歷史，而在現代中國人的日常生活中，冷熱或寒燥的說法仍然佔某一程度的重要性，不過一般人大半都只是知道或約略知道那一些食物是良性或寒性，那一些食物是平（中）性，而那一些或是熱又燥，並且在一定程度內企圖維持冷熱之間的適度均衡。可是大部分的人都不能說出為什麼這些食物是良性而另一些又是熱性的原因，只有少數熟識藥性的「專家」才能說出一些標準來。但是，「專家」們說出來的一些標準，對於人類學家或其他持有西方科學標準的人來說，仍然十分曖昧、模稜兩可，甚至於缺乏一致性準則，所以冷熱食物的分辨與建立分類辨法，一向非常困擾研究食物的營養人類學家及民俗食物研究者。

從現代科學的分類準則來看，中國傳統食物系統的冷熱觀念卻有其難以理解之處，我們可以用實際的例子來說明這不易理解的地方：在蔬菜類中大部分綠色蔬菜都屬涼性者，例外是茼蒿菜卻屬熱性者；豆類之中大部分亦屬涼性者，但紅色的豆卻成為熱性者；所有核果類（Nuts）都屬熱性，而荸薺（Water Chestnut）則屬典型涼性者；家禽之中雞屬熱性，鴨卻被認為是涼性，而鵝則為中性者（平）；大多數的肉類都屬熱性者，但是野生動物的肉卻又比其相對家生動物更熱，而烹調方法的不同也影響肉類「熱」的程度；水果的屬性差異很大，不少屬平者，但也有許多是熱性，也有屬涼性的，不過有一特別現象，若干從南洋新傳入的水果，如芒果、番石榴（芭樂Guava）、榴槤（durian）等都歸入熱性者（Anderson, 1980; Wu, 1979）。

根據 Eugene Anderson 的說法，這種難於瞭解的分類現象是由於採用多重分類標準所致（Anderson, 1982）。綜合加以分析，我國傳統食物系統中冷熱觀念分類的標準可包括下表所列各種：

	冷	熱
1. 成份	低蛋白質，低熱量	高蛋白質，高熱量
2. 色澤	綠色，白色	紅色，紅褐色
3. 生態	近水，生於水	不近水
4. 豢養	家生	野生
5. 區域	北方	南方
6. 烹調	低溫，水煮	高溫、油炸

在上述各種分類準則之中，如成份、色澤、生態等項，似乎已具有分類的客觀標準，但是實際上，這些標準在作用時都歸併於實用的前提之下，僅作次要或輔助的標準而已。換而言之，標準的設定乃是以主觀的實用為根本，合乎實用意義者，即可任擇一標準界定其類別，而完全忽略了實質客觀類緣關係。由於這種狀況所以使Anderson做了如下的結論：

事實上中國的科學未能發展成為現代科學即是由於這種植根於立即應用的態度。以研究現世日常事件背後實質存在為目的之基礎科學，在中國乃是相當陌生的。所以中國可以發展出西方無可比擬的藥用與農作植物系統，卻未形成科學的植物學——也就是為研究植物本身而研究，而非為應用才研究。生物實質的類緣（affinity）雖被認識，但並未就類緣本身形成研究的興趣，而是將之作為藥用分類的輔助（Anderson, 1982:15）。

從上述的種種情形看來，前節所引吳大猷先生指出當前科學發展的趨勢，似乎尚不能完全分清楚「基礎科學」、「應用科學」和「技術」的不同層次，而偏重於應用與技術，並且認為如此即是發展科學等等，似乎不完全是在當前特殊環境下所產生的現象，而是具有相當久遠的文化傳統了。

三

中國人在處理自然界事物之時，較易於偏向實用的趨勢，也可以從另一項人類學分類的研究中得到進一步證明。

英國人類學家 Mary Douglas 在研究古代以色列人的宗教儀式時，發現古代以色列人常把一些曖昧、模稜兩可或不能歸類的動物認為是不潔淨、禁忌甚至是可憎的，這種把不能歸類的動物認為是怪異而憎恨的現象，正如 Joseph Needham 在比較古代歐洲與中國人處理反常的動物現象時，指出歐洲人常把反常的動物（如雄雞生蛋，豬食嬰兒等）付予審判然後處死刑極為類似（Needham, 1956, Vol.2:574）。Douglas 引用舊約聖經中的一段話作為她分析的主要資料（Douglas, 1966:41-57）：

耶和華對摩西亞倫說，你們曉諭以色列人說，在地上一切走獸中可喫的，乃是這些凡蹄分兩瓣、倒嚼（反芻）的走獸，你們都可以喫。但那倒嚼、或分蹄之中不可喫的，乃是駱駝，因為倒嚼而不分蹄，就與你不潔淨。沙番，因為倒嚼不分蹄，也與你們不潔淨。兔子，因為倒嚼不分蹄，就與你們不潔淨。這些獸的肉，你們不可喫，死的你們不可摸，都與你們不潔淨。水中可喫的，乃是這些凡在水裏、海裏、河裏、有翅、有鱗的，都可以喫。凡在海裏、河裏，並一切在水裏游動的活物，這些無翅無鱗的。你們當以為可憎。這些無翅無鱗以為可憎的，你們不可吃他的肉，死的也當以為可憎（利未記第十一章）。

為什麼古代的猶太人認為駱駝、沙番（獾的一種）、兔子和豬是不潔淨、可憎的因而禁食之呢？古來的解釋從道德、衛生、美感與本能等方面著手，實際上都不能觸及問題的重心，而

Douglas 認為要解答這問題，就只有從聖經本文內去尋求，她認為細讀上引經文，我們就可發現古代的以色列人對動物界有其一定的分類標準：陸上的走獸應該具有分蹄與倒嚼（也就是現代所說的反芻）兩特性，缺其一不可。水裏的魚類則必須有翅（鰭）有鱗，空中的飛鳥則須兩足而具有翅膀者。凡不合乎此一標準者，或兩者具其一特性的動物，都被認為是不潔淨而可憎的。駱與獾的族類都是不分趾的，但都是反芻；兔子嚼草甚慢，古人以色列人誤認它們與羊牛一樣是反芻的，但兔子的蹄卻不分趾；至於豬，則分趾而不反芻，因此這四種動物都不合走獸標準，而是一種模稜兩可、曖昧、難於歸類的東西，猶太人也就認為是不乾淨不可吃的。其他水裏的動物，如水蛇、海龜等，飛鳥之中如蝙蝠、鴕鳥等也都是模稜兩可、違反常規的怪類，所以都是禁忌的。從這裏我們可以清楚地看出，古代以色列人對宇宙萬物的存在都認為是井井有條，都有一定的標準與秩序，凡是不合秩序的即是違反神聖的原則，而他們對這些不合乎原則的反常東西所採取的態度不但非常不能容忍，而且是憎恨，認為是不潔，所以不僅不能吃，並且連摸都不能摸，這種憎恨不可歸類，反常動物的態度，延續到中古歐洲，因此對行動反常的動物也認為是有辱神靈，也就要加以審判處以死刑。

中國人對模稜兩可不能歸類動物的態度與以色列及歐洲人類不相同，不僅如 Needham 所說的對反常的動物行為完全不存有犯禁的想法，也不像 Douglas 所分析的古代以色列人那樣憎恨曖昧、有違常規的動物。中國人對兩可之間的事物，不僅不採消極規避的態度，而且反而採取積極的看法，想利用其兩者共有的特性以為己用，這種實用的態度，正與上節所分析的情況如出一轍。

筆者曾在一篇題為「The myth of four auspicious animals」（四靈傳說）論文中檢討古代中國人不似以色列人那樣憎恨模稜兩可二者之間的動物，而是進一步企圖利用這種曖昧的動物以為人類之用。所謂四靈傳說，最先見於禮記禮運篇：

何謂四靈，麟鳳龜龍謂之四靈。故龍以為畜，故魚鮪不淰；鳳以為畜，故鳥不獝；麟以為畜，故獸不狘；龜以為畜，故人情不失。

這一則傳說的意思是說假如龍成為人類的畜物，則水裏的魚都不會游走（淰意為水中驚走），可以為人所獲；鳳凰假如成為人頬的畜物，則空中的鳥就不會飛走（獝意為驚飛）；麒麟假如成為人類的畜物，走獸就不會逃走（狘意為驚逃）；龜假如成為人類的畜物，則人倫之情就會長久不渝。我們姑不論這一則傳說神話更深處的象徵意義如何，但就四種靈獸的形式來探討，可以看出這四種動物（不論是否真正存在）的特性，都是一種兩者兼有的曖昧動物，龍不但形狀兼具各種特性，而且可游於海中亦可昇於天；鳳凰則是一方面具有鳥的形象，另一方面具有獸類的特徵，所謂「鴻前麟後，蛇頸魚尾」是也；麒麟更是「仁獸」，不但形狀奇特，而且行為像人，所謂「音中律呂，步行中規」是也。龜是四靈中真實存在的動物，其水陸兩棲的特性也甚明白。換而言之，我國古代傳說中的所謂四靈，不論是神話動物或實存動物，都是具有曖昧兩可，兩者兼有特性的動物，而我們的祖先並不似以色列人的祖先視之為可憎之物，卻總為它們因具有兩者之間的特性反而可以作為「溝通」之用，所以認為畜龍可以獲魚，畜鳳可以捕鳥，畜麒可以捕獸，其對於模稜兩可之類完全採取利用，實用的態度就至為明顯了；西方人怕曖昧之物，中國人利用曖昧之物，沒有曖昧兩可之物時甚而用神話的象徵手法創造出來以為己用，由此可見注重「實用」的態度確是中國文化傳統的一部分（Li, 1979）。

中國人不但在古代創造曖昧兩可之物以為己用，在現代的生活裏也某一程度內仍然利用曖昧兩可、怪異反常的東西。營養人類學家研究中國人食物時除去討論上文所說的冷熱觀念之外，另一重要觀念就是有關「補」的問題，他們發現許多認為是最補的東西都是具有曖昧兩可或奇怪性質者，例如穿山甲（有麟卻能爬樹）、海馬（似馬卻在海中）、海狗（似狗卻能游於水）、犛牛（似牛卻獨角）、鱉（兩棲）、海參（似植物卻在海中）、燕窩（似燕窩卻非窩），蛤蚧（有鱗居地上）、人蔘（人形植物）等等，其本身並不真正具有實質的滋補，而是其特殊性狀使然。由此可見，以實用的態度去看模稜兩可的事物，不僅是存在於中國古代的文化傳統，而且在現代的日常生活中這種傳統仍然相當程度地延續下來。

中國人對怪異動物的態度有別於西方人，而對奇異、反常的動物行為的看法也與西方人不同，這一點也值得在此地附帶加以檢討。前文說過 Joseph Needham 曾提出中古歐洲人審判反常行為之動物一事，認為這是西方人視反常行為有違自然的規則，處罰反常的動物是為了維持自然的正常原則。古代的中國人絕對沒有這樣「看得起」動物，用審判人的辦法來裁決動物，因為中國人並不注意這自然的規則，所以中國人假如注意到反常的動物行為，根本沒有企圖要維持自然規則的想法，只是有時把這些反常之事當作上天示警於人的現象。Needham 從這一對比進而討論中國人與西方人對自然律看法的差異，而認為這可能是中國人未發展出一追求自然規律的科學的一種原因（Needham 上引書，574）Needham 的這一想法雖與本文的主題無直接的相關，但是他從基本宇宙觀的性質來討論中國與西方科學態度之差異，則與本文的立場至為相似。

四

前此本文所探討的重點在於說明中國人對自然現象的認知確有一種趨向於著重「實用」的文化傳統，這一傳統一方面可能影響當前推進科學發展而忽略基礎科學，而偏重應用科學與技術的態勢；另一方面則表現於仍然約束著一些國人日常生活的習慣與風俗上。本節擬再進一步探討這種實用的文化傳統，不僅影響高階層的發展科學之策略，而且也很普遍地表現在一般人對科學研究的態度上，這種態度的存在，對純科學研究經常產生阻礙，最少形成許多不必要的困擾，這對科學研究的推進無論如何都不是健康的情況。

一般社會大眾無法分清純知識追求的科學研究與有目的之應用研究的差別，所以使得「事實」與「價值」混淆的現象非常普遍。事實與價值判斷無法分辨清楚的現象，可以用一個簡單的例子來說明，例如有一年美國時代雜誌選擇伊朗回教領袖柯梅尼為當年風雲人物（man of the year），我們大部分的民眾，包括很多知識份子，就無法瞭解為什麼時代雜誌要選一個這樣「可惡的獨裁者」來做當年風雲人物而不選一個對世界人類有貢獻的人呢？在這裏「風雲人物」是一個事實概念（concept of fact），而有貢獻的人卻是一個價值概念（concept of value），西方世界把這兩概念分得很清楚，但是對我國的大部分人而言，這兩概念就常混在一起，因此會產生為什麼會選柯梅尼的疑問。

科學研究與價值判斷的問題一直是科學方法論中討論甚多的題目，尤其在社會科學研究的範圍中，這一問題的爭議更為激烈。楊國樞教授曾對科學研究與價值判斷的問題詳加討論。他把價值判斷分為「內價值」與「外價值」二部分，並把研究的過程分為五個階段，而說明在不同階段中價值判斷所發生的作用。楊教授所說的「內價值」是指研究過程內有關研究方法本身效率的考慮所作的價值判斷與選擇，為了作到最有效的蒐集資料與分析資料，必須對各種可能的研究方法作合理的選擇與判斷，這是科學研究工作最基本的步驟。而所謂「外價值」則指跟研究方法上所強調的標準，也就是研究本身做得好壞的標準無關的價值，而是外在社會、政治、經濟，甚至道德、宗教所加之於科學研究的判斷。內價值和外價值在不同的研究階段中發生不同的作用，楊教授曾列表說明其關係（楊國樞，1977:36）：

研究階段	發生作用的價值
選定研究題目	外價值內價值
蒐集資料	內價值
分析資料	內價值
解釋結果	內價值外價值
發表論文	外價值

楊教授對各階級中不同價值發生作用的情況有很恰當的分析，但是因著重的目標不一樣，所以未討論到一般社會大眾對科學研究的價值與事實混淆的情況。我們的一般社會大眾，甚至於包括許多知識份子，對於純知識研究的工作及其結果，通常都要用價值的標準去看它，因而產生很多困擾。以我個人的經驗為例來說明，例如我研究臺灣各地的宗教，其基本的目的是把宗教當作一種社會現象，而企圖把各種不同的宗教現象蒐集起來以作全盤性的分析。在這樣研究過程中基本的是一種純知識的追求，並不一定認為「宗教」是否有益人生，有利社會。更不會對某一宗教或某一教派給予好壞利弊的價值判斷，但是一般大眾若知道，看到某一學者正在進行某一宗教的研究，就會立即作價值判斷，不是認為該一個宗教是很有益於社會人生，或對當前團結和諧有裨益，就是認為該一個教派有問題，有不法的行動，因此學者們才會出動去研究它，如此一來，研究工作不是要受到打擾就是會引起許多阻力，甚至於完全停工。

另外一種情形，例如我們學人類學的人研究一個社區，在進入田野之初，經常要把該社區的人際關係存畫在系譜上，以便清楚瞭解社區內每個人的相互關係，所以畫系譜只是一種研究的工具而已，而另外一方面人類學家對親族組織的研究特別注重，尤其是在研究傳統中國的社會組織時，親族關係更是問題的關鍵，因此對系譜或族譜的研究與採集。可以說是一種研究理論上的必需，也是一種純知識追求的必需。但是這種研究工具的運用以及純理論知識的探究卻常常被認為是對「族譜」的特別喜愛，甚至被認為是在鼓勵或提倡做「族譜」或「家譜」，因此也就有許多強調「宗親系譜學會」的組織邀請去參加座談會或作演講，等到他們發現研究者只是一種純研究的興趣，並未涉及該不該做族譜或如何做族譜時，就會引起不愉快的事，甚而罵你是「數典忘祖」，弄得研究者不知道怎樣才好。這都是「事實」與「價值」不分，也就是把純知識的追求與實用的價值混而不分所產生的後果。由此可見，一種趨向於實用的文化傳統，不僅使高階層的發展科學策略偏向於立即的應用一面，而且在一般社會大眾之中也形成很根深蒂固的基礎。

五

前文所討論的「實用主義」或「功利主義」的文化傳統也可以在其他社會現象上看到，例如在民間宗教信仰及其活動上，功利主義的表現就至為明顯。瞿海源先生在一篇研究宗教信仰與家庭觀念的論文中曾指出，信仰傳統民間宗教的人要比信外來宗教者在統計數字上顯得較趨向於功利主義，他說：

> 關於子女的成就，傳統信仰者比較強調「賺錢」、「職業成就」，而非傳統信仰者則認為「專門技術」、「教育」及「公民素養」較為重要。如此看來，前者似乎以子女事業之具

體成就為重，後者則以子女實際能力為主。很可能，我們可以換一個角度來解釋，亦即，傳統信仰者傾向於把能力的加強當作是獲取經濟與職業利益的手段。而非傳統信仰者，則把獲致教育與技術當作是重要目的而不是手段。這兩種不同的傾向似乎多少與傳統信仰的功利主義成份有關。人們借重於宗教者一方面主要在保平安，但另一方面卻多祈求神明保佑自己在事業上的順利。這種情形在求神問卜時尤為清楚……無論如何，我們可以說傳統信仰者在祈求神明的保佑方面是相當具體而功利的（瞿海源，1982:12）。

傳統民間信仰者不僅在問卷測驗上表現出功利主義的趨勢，在許多實際的儀式行為上，這種功利主義的趨向表現更為明顯。筆者曾在另一篇論文中探討下列數種民間信仰儀式行為在社會變遷中更趨向功利的情形（李亦園，1982:90-94）：

（一）神媒儀式的轉變

神媒或童乩的儀式包括團體與個人儀式兩類，前者發揮整合群體的功能，後者則滿足個人心理與物質的需要。在傳統時代，神媒的團體儀式較私人儀式為重要，最少是二者並行的。可是在近年來，團體儀式似已式微，而個人儀式則愈來愈盛行；團體儀式本來也只在一年中的一兩個特定日子中舉行，個人儀式則隨時可行，而發展到目前，若干童乩的場所更是每日必行。尤其是在都市裏，童乩原已失去社群之所屬，專門只為個人行儀式，因此就愈加盛行了。童乩儀式的這種個人化的趨勢，正是宗教信仰更趨向功利主義的後果；有求於神靈的人都是為了自己的生理、心理及物質需要的滿足而來，要求的都是特定問題的解決而不是靈性的追求，因此，其趨於功利主義的現象是十分明顯的。

（二）風水形式的轉變

風水觀念的流行本來就是代表祖先崇拜儀式中功利主義的一面，但當前盛行風水的形式，又可說是功利主義中的功利。祖先崇拜中的牌位崇拜可說是目的與手段合而為一，但表現在墳墓崇拜的風水，則完全是達到特定目的之手段，所以功利主義趨向至為明顯。所謂風水，又可分為陰風水與陽風水兩類，陽風水中又可分為外風水與內風水兩種。所謂陰風水是指墳墓風水，陽風水則是指住宅風水，外風水是指住宅與住宅之間的風水關係，內風水則是指住宅室內的風水而言。在傳統的時代裏，陰風水較陽風水佔重要地位，最少是不分軒輊的。但在目前，情形似有反轉過來的趨勢，那種要等長久時間才會出現結果的陰風水已較不流行，而容易在較短時間內有效果的各種陽風水則普遍流行起來，其中內風水又較外風水更為流行，其注重立即的個人心理、物質之滿足極為明顯，這也正是功利主義趨向的主要特徵。

（三）星相觀念的流行

星相觀念的流行表現在龍年生龍子的現象上最為突出。根據臺灣省家庭計劃研究所統計資料的顯示，民國六十五年的龍年臺灣地區的出生率忽然急遽上升，其平均率千分之二五・九三，比前一年（民國六十四年）增多三・五〇，而人口自然增加率則為千分之廿一・廿四，亦較上年增加三・〇五，實際上，臺灣地區人口自然增加率自民國四十年以後即逐年下降而無例外，民國四十一年自然增加率為千分之卅六・七四，降至民國六十四年的千分之一八・二九，家庭計劃人員正為這一人口計劃成果欣喜之時，沒想到這一星相觀念作祟，竟使增加率退回七年，而與五十九年時相近。可是更值得探討的是民國五十三年及民國四十一年時的前二個龍年，出生率與增加率都未有上升，而且是很規律地依序遞減，由此可見，在社會變遷快速之時，民俗信仰的功利主義趨勢就更為明顯了。

從上述的這些宗教現象中，我們清楚地可以看到文化傳統中的實用與功利主義趨勢，而這種趨勢在社會變遷極為快速的過程中就更加被強調了。

六

綜合以上各節的分析，也許我們可以得到如下的幾點結論：

（一）現代科學發展策略的偏重「實用主義」似乎有其較久遠的文化傳統；文化傳統的影響不但使科學萌芽時代純知識追求的態度為實用的觀點所掩蓋，而且也形成現代科學發展中偏重應用科技的社會文化基礎。

（二）文化傳統最深的層次代表該一民族對宇宙存在的基本假設以及其對自然界認知的種種看法。Needham 所論中國人較不重視自然的規律，以及本文所著重說明的中國人對自然認知分類偏重的實用的態度，都是中國文化傳統中對宇宙、自然存在的假設與態度之一。

（三）由於這種對宇宙、自然存在的基本態度是文化傳統最深的層次，所以在時間向度上延續至為久遠，而在其他文化層面上也影響至為寬廣，不僅對日常生活的食物、營養的攝取有關，影響所及也對醫藥衛生、宗教信仰、教養子女態度有所約制，同時更形成一般社會大眾的世俗科學態度，間接成為上層科學發展策略的社會基礎。

（四）在特殊的環境之下，例如在政治環境相當危機之時，或者社會文化急遽變遷之情況下，實用主義或功利主義的文化傳統或將在不同的文化層面上表現得更為強烈或更為明顯。

【引用書目】

Anderson, E.N.

1980 "Heating" and "Cooling" Foods in Hong Kong and Taiwan, *Social Science Informations*, Vol. 19, No. 2.

1982 Ecology and Ideology in Chinese Folk Nutritional Therapy, paper presented to American Anthropological Association Annual Meeting, Washington.

Anderson, E. N. & Anderson, M. L.

1975 Folk Dietetics in two Chinese Communities and its Implications for the Study of Chinese Medicine, in: *Medicine in Chinese Culture*, (ed. by Arthur Kleinman et. al) Washington. D. C. Department of Health, Education and Welfare.

Croizier, R.

1968 *Traditional Medicine in Modern China*, Mass, Cambridge: Harvard University Press.

Douglas, M.

1966 *Purity and Danger: an analysis of concept on pollution and taboo*, London: Routlege & Kegan Paul.

Gould-Martin, K.

1976 Hot, Cold, Clean, Poison, paper read at ACLS-SSRC *Conference on Anthropology in Taiwan, Partsmouth*, N.H.

Li, Yih-yuan

1979 The Myth of Four Auspicious Animals, paper presented at *Fourth Asian Conference on Folklore,* Souel, Korea.

Needham, J.

1956 *Science & Civilization in China*, Vol.2, Cambridge University Press.

1970 *Clerks and Craftmen in China and the West*, Cambridge Univ. Press.

Topley, M.

1975 Chinese and Western Medicine in Hong Kong: some social and cultural determinants of variation, interaction and change, in *Medicine in Chinese Culture*（Ed. By Arthur Kleinman et. al.） Washington: US Department of Health, Education and Welfare.

Wu, D.Y. H.

1979 *Traditional Chinese Concept of Food and Medicine in Singapore*, Singapore: Institute of Southeast Asian Studies, Occasional paper No. 55.

李亦園
1982 臺灣民間信仰發展的趨勢，民間信仰與社會研討會論文集，臺中：東海大學
吳大猷
1983 科學與人文，思與言雜誌，第二十卷第五期
楊國樞
1977 一個行為科學者的感想，中國論壇，第五卷第二、三期
瞿海源
1982 宗教信仰與家庭觀念，中國家族及其儀式行為研討會論文，南港：中央研究院民族學研究所。

民國七十二年八月廿二日「社會文化與科技發展研討會」論文

捌、近代中國家庭的變遷——一個人類學的探討

一

社會學家一般研究家庭的變遷大都著重於家庭形式、家戶大小與家庭成員關係等問題的探討，這些問題對人類學者而言當然也是很重要的項目，但是人類學者對這一領域的研究卻另有更關鍵的問題要提出，特別是研究中國家庭或家族的變遷，人類學者很興趣於家族儀式、家系與財產傳承，以及形成家族基本觀念與原則的適應彈性等方面的分析，他們認為只有對後者諸問題的較清楚確認，方能對家庭或家族外在形式變遷的意義有較完整的瞭解，否則只為外形變遷的多樣性所迷惑與拘束，就易於陷入「見樹不見林」的困境。

人類學者近年在臺灣各地從事長期的田野調查研究，提供相當可觀的有關中國家庭變遷的第一手資料，由於這些資料的累積，使人類學者大多趨向於認為形成中國家庭組織的若干基本原則是不變的，但是這些不變的原則卻具有相當大的彈性（Wolf, 1981:349, 357），或者這些原則之間交替發生作用的可能性也很大（李亦園，1982a）因此可供許多不同環境、不同情況下作相當大的適應與變化，我們在臺灣所看到、所搜集到有關家庭變遷的種種都可以說是在這一原則下所產

生的表現。

臺灣在本世紀以前，一直是一個邊疆的、移殖的社會，邊疆移殖社會的自然與人文環境條件都很特殊，因此對人們構成的壓力很大；日本據臺時代，殖民政府以異文化加之於臺灣居民身上，其構成的壓力自不待言；光復後不久，臺灣又逐步走上工業化道路，社會經濟變遷極為快速，因此所形成壓力雖有不同，但是需要採取特殊適應的情況則同。總之，臺灣漢人的社會，從歷史時代以至於今日，都是處於一種特殊，甚至可以說有異於「正常」的情況之下，因此其調適的模式也就具有特色，而這一特色表現在作為整個社會組織的基本單位——家庭或家族上無疑就更為突出。本文的目的，首先在說明臺灣漢族家庭的種種變遷歷程，同時，又要進一步分析這些變遷何以是中國家庭基本原則的調適表現，最後，且將企圖闡明引起變遷的種種環境因素。

二

首先要先討論的是家族儀式變遷的問題。人類學者把儀式（Ritual）看作是內在觀念的象徵行為表現。因此儀式的種種變化最能看出較深層次的社會意義。中國人的家庭儀式自然是指祖宗崇拜儀式，較完整的祖宗崇拜應包括下列各項目：

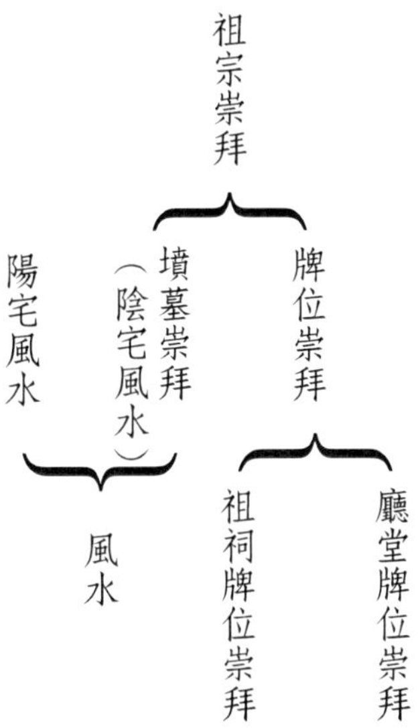

（一）先從牌位的崇拜說起：祖先牌位的崇拜可分為廳堂牌位（也就是住宅內的牌位）和祖祠牌位兩類，但是不論是廳堂或祖祠的崇拜，崇拜的對象是「牌位」。目前我們在台灣所看的祖先牌位的形式可分為三種（陳中民，1967:173）：第一種是個人的牌位，也就是一對祖先（祖與妣）單獨一個牌位。這是傳統中國廳堂中最典型的供奉型式，但是這一種牌位在目前已佔最少數。第二種牌位是「集體牌位」，也就是以一塊較個人牌位為寬的木板所製成，正面寫上「某姓歷代祖先牌位」，背面則有一夾木板或貼上一張紅紙，記載歷代祖先的個別生辰忌日。這一種「集體牌位」可以看作是移殖社會的遺留，因當初從閩粵渡海遷來的人也許不便把祖先牌位一併帶來，所以在定居之後，就只好以一塊牌位代表所有歷代的祖先。第三種牌位是所謂「神龕式牌位」，也就是以日本式的小神龕作為牌位，外面寫上「某姓歷代祖先牌位」，內側則有若干小木條可以寫上個別祖先的記事。我們現在所看到臺灣鄉間的祖先牌位大致都以後二種型式的牌位為主。

祖先牌位或者神主牌的改變是祖先崇拜中較不重要的項目，也不是本文所著重之處，但是由於這一變遷現象卻透露了二個訊息：其一是儀式的外在形式因素可以大有改變，但卻不害於基本觀念的存在；祖先牌位形式的改變可以說是因情境不同而產生的「權宜」辦法，但是不同的牌位形式卻無害於對祖先崇拜的原意。其二是「個人牌位」與「集體牌位」的建立，實際上已牽涉到與牌位有關的權利義務問題，也就是牌位應由誰設立，應由誰來繼續供奉等等，這就是我們在下面所要討論的有關家族儀式的最重要的一個問題。

（二）對一般中國人而言，祖先崇拜儀式是傳統家族生活的一部分，崇拜祖先是一個世系觀念所衍生的「慎終追遠」行為表現；拜祖宗是因為「它」是我們家系中的上代尊親，並不因為「它」對我們有什麼好處我們才崇拜它，而牌位的設立則是作為崇拜祖先的對象，其間不應該有什應特殊的條件才對。事實上，這也是我們在大陸上所看到的情況，就如許烺光先生在他的名著《Under the Ancestor' s Shadow》一書中所說：「在西城所見到的祖先儀式，幾乎是日常生活的行為，這並不是一部分接受，另一部分拒絕的事，而是所有正常的西城人都視為理所當然的事，沒有一個正常的西城人懷疑它。」（Hsu, 1948:242）。但是，在臺灣，我們卻看到很特殊的發展，這一發展幾乎要使習慣於傳統祖宗崇拜的人大吃一驚。

Stanford 學派的一位女人類學家 Emily Ahern 曾在臺北縣三峽鎮的溪南村落從事長期的調查研究（Stanford 學派的人類學家大都以三峽附近的北部村落為研究對象），她發現溪南人的祖先崇拜與財產繼承有密切的關係，特別是祖先牌位的設立，幾乎是與財產承繼相伴存在的：誰承繼了誰的財產（特別是田地等不動產），誰就有義務為他設立牌位而崇拜之；反之，沒有財產遺留下來，就沒人替他設立牌位。Ahern 在研究溪南的七十五個祖先崇拜的個案時，發現十一位沒有牌位者都是沒有田地遺留下來給子孫的，而六十四位有牌位者之中，則有五十一位是有田地遺下，只有十三位是無田地作遺產者，所以她認為祖先牌位的設立與否是因有無田地遺產而定的，換言之，這是一種權利義務的行為，而非慎終追遠的表現。Ahern 所舉的田產與牌位相關的例子很複雜，很多是特殊婚姻與收養關係所產生的個例，其中最極端的例子是說有一位溪南的李姓男子在軍中服役時，認識了一位獨身的軍官，當這位軍官要逝世時，指定把財產遺贈給李姓男子，條件是埋葬其遺體並立牌位當作祖先祭拜（Ahern）。這樣的財產與牌位關係確是絕無僅有的，幾乎可以說很難為一般中國人（特別是來自大傳統的人）所接受。可是 Ahern 所報告的現象，除去後一個例外，在臺灣各地也常有發現，中研院民族所的同仁陳祥水君在彰化縣埔心鄉的調查，也搜集到同一類的財產承繼與牌位設立相關連的情況，因此我們大致可以相信 Ahern 的報導並非由於誤解所致（陳祥水，1973: 141-160；1978:32-39）。

財產承繼與牌位關係的演變所透露的訊息就較為複雜了，首先應該討論的是這種只問有無財物而不管世系關係的崇拜，是否已乖離了中國家族儀式的正則了。從表面看來，這種有財產才有牌位的現象似已偏離中國家族儀式的正則，但若仔細分析。則可發現這僅是不同基本原則在特殊環境下的不同強調而已。筆者曾在最近的一篇論文中闡述中國家庭及其相關儀式有三個基本原則在交互作用，這三個基本原則是：（1）親子關係：表現在「慎終追遠」一類的行為上，（2）世系關係：表面在傳承、繼承等權利義務行為上，（3）權力關係：表現在分支、對抗等行為上。我們認為傳統的祖先牌位崇拜是親子關係原則的強調，也就是慎終追遠原則的特別突出表現，其他原則雖然存在但是並不明顯。在臺灣所看到的如 Ahern 等人所舉的例子，則可以說是世系關係原則中權利義務因素的強調，而其他原則雖被掩蓋了，可是也並非完全不存在（李亦園，1982a）。在早期的臺灣，原屬邊疆移殖的社會，在環境的壓力下，人們必須作相當「權宜」性的適應，權利義務在儀式行為以至親屬行為中的被強調，應是這種權宜調適的最明顯表現。但權利義務的太過份強調，則很容易就走上「功利主義」的道路上去。我們覺得功利主義的趨向確是臺灣漢人社會從早期移民時代，一直到現代工業社會所共同具有的一種現象，這種現象不但出現於儀式行為上，也表現在諸多家族、親屬行為上，同時更表現在許許多多的日常生活的面相上。這種功利主義的強調，一方面固然由於環境壓力所引起的一種選擇，另外一方面也可能由於民間信仰中含有太多的功利主義成份之影響所致（瞿海源，1982；李亦園，1982b）。

假如說儀式行為是內在觀念的一種表達，那麼在一般社會生活也應有所表達才對。實際上也是如此，權利義務的強調與功利主義的趨向在臺灣漢人的家族、親屬組織中，也如在家族儀式的行為中，表現得非常明顯，這是我們在下一節中所要詳加討論的項目。

（三）家族儀式的變遷可以討論的問題尚有不少，因篇幅的關係，不能一一加以檢討。最後一項要作分析的是墳墓的崇拜，也就是一般所說的「風水」問題。有關中國祖宗崇拜的另一面——墳墓風水的研究首推英國漢學人類學家 Maurice Freedman。除去在他的名著《Chinese Lineage and Society》及一些論文中都對墳墓風水崇拜作分析外，他且曾以一篇題名為〈Geomancy〉的論文作為他就任大英皇家人類學會主席的講演（Freedman, 1966, 1967, 1969）。Freedman 在討論中國祖宗墳墓崇拜時重要的論點之一，是認為墳墓崇拜中，我國人對祖先的態度恰與牌位崇拜中相反，後者的態度是崇敬供奉，前者則屬利用操弄了。筆者曾就實證的資料為文反駁 Freedman 對後者論點的錯誤（李亦園，Li, 1976）。這一爭議並不屬於儀式變遷的範圍，所以不在此地詳加說明，但是關於風水在目前社會中盛行的情況，卻是值得在這裏加以檢討的。

如前表所列，風水問題可以分為「陰宅風水」與「陽宅風水」兩種，前者是指墳墓的風水，後者則指一般住宅以至公共建築、城市位置等等的風水。自然後者的風水實已超出祖宗崇拜的範圍，但仍屬儀式行為的一種，因此可以合併一齊討論。根據 Freedman 的資料，在傳統社會裏，「陰宅風水」較「陽宅風水」屬於正則的儀式，所以墳墓風水的執行較為頻繁（Freedman, 1966）。可是這種現象在目前的社會中，似有改變的趨勢，我們在鄉村所得到的材料顯示刻意求得墳墓好風水者已不多，而每一棟建築物的建造卻都要找風水師或業餘堪輿家來定位（李亦園，1982b）；而在城市裏，或在大傳統的上流社會裏，陽宅風水的觀念更是「無孔不入」，甚至擴大成為一種世俗的儀式行為，有時連大學校長的新上任，也要把校門或校長辦公室重新依風水的「原則」加以安排，其他的政府官員更是好此道而不疲，幾乎成為一種風尚了（李亦園，1978:55-60）。對於這一種儀式行為的現象，我們認為也應屬前述功利主義趨向影響，墳墓風水所產生的「利益」屬於較遠程或長期性的，而陽宅風水則偏於近期或立即可看到的「利益」，在現代社會的講究效率、速度與近期利益的風尚下，陰宅風水自然易於為陽宅風水所取代，這種變化雖不屬家族儀式變化的範疇中，但變遷的趨向卻可為前述功利主義的影響作一佐證，這也是我們在下文中將要繼續發揮的論點之一。

三

在探討過家族儀式的變遷之後，應該就可以進入更實質的部分——家庭或家族組織及其觀念的變遷。首先要討論的是前節所述財產承繼在家族儀式中的重要性問題，在家庭或家族生活中也出現同樣被強調的情況。在傳統的社會裏一個家庭的存在是血緣、婚姻、共同生活以及祭祀等因素同時並重的，但是目前在臺灣所看到的家庭組織其存在的因素固然不可能放棄前舉諸因素，卻有特別著重於財產的趨向。下面擬就人類學家們在這一方面的報導加以逐步的分析檢討。

（一）對於這方面的研究。首先應該提到的是哥倫比亞大學的 Myron Cohen 教授，他根據他在屏東美濃鎮一個客家村落長期研究的結果，寫成《House Divided and House United》一書及其他一連串的論文（Cohen, 1976, 1967, 1968, 1970）。他的所謂「家的分與合」，實際上與財產的分開與否有密切的關係。他認為一個「家」的組成可歸結包括三個基本成份，那就是財產、群體與經濟（Estate, Group and Economy）。在這三個成份之中，前二者亦即財產與群體可以是集中的（Concentrated）或分散的（Dispersed），而後者，亦即經濟則可以是夥同經濟（Inclusive Economy）或非夥同經濟（Non-inclusive Economy）。照 Cohen 的說法，一個家如家產、群體成員與經濟經營都是集中在一起，而作夥同的經營時固然是一個家，但即使家產與群體成員是分散各處而不集中，經濟則是非夥同者，亦仍然可認為是一個家，只要是共同的財產未真正分割（1970:27-36）。由此可見財產（特別是不動產）的因素是一項成為家的單位很被強調的因素。另一位美國人類學者 Suson Greenhalgh 在更近期的研究中，又把「家」的成份細分為六項：分炊、分住、分預算、分財產、分房子和分牌位等，根據她的資料，分炊、分住、分預算，甚至分房子、分牌位都未必是獨立成為一個「家」單位的標準，只有在分財產後，才定準為分家，成為一個獨立的單位，而如無財產可分的情況下。才以婚後是否還出為準（Greenhalgh, 1979；謝繼昌，1982）。由此更可以看出財產在「家」的獨立成為一單位時的重要性，而從這裏我們也可以體會到家的成立與家族儀式在財產承繼上的對應性。不過，財產在家的成立上所強調的意義，卻要在下述二方面才能顯出共適應環境所表現的特色。

（二）根據 Cohen 的研究，家族財產的繼續聯合在一起。而家庭成員可以分住在不同的地方，日常的經濟也可以採取他所謂的「非夥同經濟」是一種使家庭事業多樣化、分殊化（diversification）的經營策略。這種多樣化的策略最少有兩項好處：其一是每一分支家庭可以分別住在不同的地方，減少共同居住於一大房子時所易於發生的日常生活摩擦與爭執，但是更重要的是日常經濟與生計的獨立經營，這樣可以使分支家庭的成員有表現其才能與抱負的機會，免受家長權威與歧異意見的牽制。所以事業經營較易於發展，同時由於經營所得到的利潤最少在某一程度之內可以自己支配，因此使分支家庭的成員願意付出較大的努力去工作，事業也就易於成功。其二，若從整體家族的獨立上去著想，同一家族的分支家庭分別投資或從事不同的事業（有時可以包括不同的工商事業，但仍保存原有的農業經營），可以保證免於統統失敗的機會，假如有部分事業的不順利，也可以得到其他部分的支持，免至於完全失敗，而在景氣不好的時候，很多事業也許都得暫時停頓了，這時候仍然含有共同財產的老家，無疑的可以成為一個「避風港」可供休養喘息，以圖將來再恢復（Cohen, 1967; 1976: 113-148）。由於上述這許多實際上的有利因素，所以誘使很多 Cohen 所描述下的美濃鎮人，以至於很多台灣各地的鄉民，都喜歡仍然維持一個有共同財產而非夥同經濟的家庭，這種情況不能說完全與傳統中國理想家族形態的觀念無關，但是這種理想卻只有在這種環境下才會促使其實現。總之，我們也許可以說，財產在家族存在意義上的被強調，實際上也是一種功利主義的趨勢；由於現代化工業社會與經濟所構成的種種壓力，遂使家族的存在與延續不能不採取配合於這種環境需要的適應方式。

（三）在財產集中而家族成員分散以及經濟非夥同的家族中，可能形成的另外一種現象，就是分支家庭的獨立經營生計，因此就導致父親權威的低落。在古典的理論如 Maurice Freedman 等人的看法，認為家族財產的繼續聯合共存，主要的是由於父親權威的支配；在富有的家族中，父親的社會經濟地位都較高，所以容易發揮其權威使財產共存；在貧窮之家，不僅是財產少，同時父親權威也小，所以容易導致財產的分散。在父親權威甚大的家族中，只有在父親逝世之後其權威才消失（Freedan,1966:45）。但是 Cohen 在臺灣所看到的情況與 Freedman 所說的頗有不同，特別是在共財而分計的家族中，他認為父親的權威並非終止於他逝世之時，而是在他的兒子結婚後他的權威就結束了；在他的兒子都結婚後，父親在對財產的地位上與其兒子們是法律上的平等（Jural Equality），他們共同是家族財產的共有者（Copartener），兒子們對財產的所有，隨時有要求分割的權利，他們的願意合在一起，與其說是父親權威的支配，毋寧說是因為合在一起是彼此間都有利可圖（Cohen, 1976:99）。有人也許會認為 Cohen 所描述的可能是代表一些較極端的例子，但是無論如何這代表臺灣漢人社會在現代環境下的一種發展，而這種發展可以看出是功利主義之下的產物，可是在基本原則上卻仍然是中國傳統家族的理念在支持著。

四

前節說到 Cohen 認為父親的權威是終止於兒子結婚之時，這與 Freedman 所說父親的權威終止於他逝世之時有很大的差別；Freedman 所說的應屬傳統中國家庭關係的理想模式，在較「正常」的情況下，其實現的可能較大，但在目前台灣漢人的社會狀況下，脫離理想的機會就比較大了，我們不但有 Cohen 所舉對財產分配權利的事例，而且又有另一種稱為「吃伙頭」的制度，可以看出父母親的權威很明顯的是終止於兒子成婚自立之時。所謂「吃伙頭」的制度就是父母親或兩者之一在兒子結婚自立成家之後輪流在一定時間由個別兒子供養。筆者於一九六六年研究彰化縣伸港鄉泉州厝時，發現這種輪流供養父母的制度甚為普遍，而且有成為一種大家所承認的規範趨勢，所以首先把它當作家庭生活的一種特別現象加以討論（李亦園，1967）。其後又有多位中研院民族學研究所同仁在各地做田野工作時，也發現同樣的吃伙頭的現象（王崧興，1967:54-67；莊英章，1972:89；陳中民，1977:117）。最近，民族所的另一位同仁謝繼昌先生並以他自己在三個不同村落所調查的資料，與前述諸同仁的工作進行綜合比較，寫成一專文於中研院舉辦的「中國家庭及其儀式行為研討會」上發表。根據謝先生的資料，臺灣各地所報導的吃伙頭情況可列如下表：

表一「吃伙頭」的地區分佈：

村民（資料年）	戶數	吃伙頭戶數	百分比
社寮（1971）	150	0	0
仰止村（1980）	132	11	8.33％
竹林村（1981）	223	27	12.11％
泉厝村（1966）	225	31	13.78％
頂邨（1971）	159	32	20.13％
凌泉村（1981）	308	75	24.35％
南村（1980）	449	143	31.85％

（謝繼昌，1982:21）

從上表的資料看來，台灣各地吃伙頭的情況不很一定，有些完全不見，有些則高達三分之一的比例，例如南村與凌泉村都可以說是很普通的習俗，其實際的比例尚不止三分之一。因為未實行吃伙頭的家庭中有不少是不能實行這種制度的，其中包括只有一個兒子的家庭；以及兒子尚未結婚的家庭等等。

吃伙頭的制度可以細分為很多不同的型式，例如在輪流的時間上可以有輪月、輪半月、一旬、一週等等；在父母的住處上則有父母獨住、父母子女同住一大院落及父母輪流住在兒子家等；又參加輪流供養的兒子數有所有兒子都參加，或部分參加；供養的方式則包括只供伙食，或同時又供給零用金，或者提供金錢及穀物等等。但是，不管其形式如何，吃伙頭的家庭都是已經分了家各自獨立了，因此輪流供養父母就像前文所提到的在分家時。包括分炊，分住、分預算、分財產、分房子、分牌位各種項目一樣，把供養父母的責任也均分了；從進一步的立場看，輪流供奉父母就像供奉祠堂裏的祖先一樣，也是各「房」各「祧」輪流當值。因此，吃伙頭輪流供奉父母，實際上是把父母早點升格為祖先，把父母當作活祖宗來供奉了，從這點看來，吃伙頭的風俗仍然沒有離開傳統中國家庭組織的基本原則。

但是，從父母的立場來看，吃伙頭的辦法對他們的權威性有很大的打擊。在名義上他們雖然像活祖宗一樣被供奉，但是實際上在輪流到各家去吃飯時，難免有被忽略之時，有時還要看媳婦們的臉色，甚至有的還要為媳婦收拾碗盤等等，那就很像一個「老媽子」了。我自己的經驗是在訪問幾個吃伙頭的老人時，有很多位都對跑來跑去只為吃一頓飯而不滿，可是這制度依然流行著，有些村落甚至三分之一以上的人家都採用這方式，我想這仍然與現代化工業社會功利主義的環境有關，在特殊的環境之下，人們採擇一種不違背傳統家族倫理精神，而又最方便於個別家庭運作且又合乎公平原則的辦法來解決老年父母的供養問題。然而這種採擇很可能是相當隨意，或者有一些我們現在尚不知道的因素來決定採擇與否。因此我們可以看到如上表所列。有一些村落完全不見有這種吃伙頭的風俗，有一些村落則有很高的比例採用它。外國人類學者調查的例子，有些也報導出現這種風俗，有些則完全不見有記錄（謝繼昌，上引文）。這種情形實在就像另一位美國人類學者所說的，在臺灣所看到的中國家庭制度就像一隻工具箱一樣，人們隨手撿拾其中一種以為解決當時需要之用，但是並不放棄其他工具（Pasternak, 1972）。

五

上節所說「工具箱」的比喻，在某一程度之內實在不為過，因為我們不但在吃伙頭的例子中看到不同地區隨意採擇的情形，我們也可以在其他與家族制度有關的文化因素上看到不同地區因環境歧異所採取不同的手段。Arthur Wolf 曾有一個有關各種不同婚姻形式的表格最能表達這種地區性差異，茲轉引如表二以便於討論：

表二 三地區與三階層的婚姻比較

地區／階層	總數	婚姻形式		
		大婚	小婚	入贅
地區比較				
燕寮	90	96.7 %	1.1 %	2.2 %
中社	71	46.5 %	14.1 %	39.4 %
海山	1491	43.2 %	41.4 %	15.4 %
階層比較				
上	317	87.7 %	11.0 %	1.3 %
中	278	70.4 %	18.8 %	10.8 %
下	216	61.6 %	23.1 %	15.3 %

（Wolf, 1981:355）

Wolf在表中所稱的小婚是指一般所謂「童養媳」或「小媳婦」的婚姻，而大婚則相對地指「正常」的成年後婚配。表二所列數字在地區一項上是代表一八九一－一九一〇年之間出生之女子的婚姻狀況，而社會階層一項則係一八八六－一九二五年間不同階層的城市居民的狀況。從表中所示我們可以很清楚地看到燕寮（屏東）、中社（臺南）與海山（臺北）在大小婚與入贅婚的分佈有相當大的差異。燕寮的婚姻形式很合乎理想之型，大婚佔百分之九十五以上，而小婚及入贅婚都微不足道；中社的人行大婚者已減至百分之五十以下，而入贅婚則高達百分之三十九以上。學者們對這種很大差別的現象為什麼會在這些地區裡出現並未能提供可靠的解釋。只能籠統的說明這是不同的地區性差異。

地區性的適應差異在與階層性差異比較起來，就顯得更大了。三個不同社會階層在婚姻形式的採擇上似乎合乎一般所預期的，上層階級的人最常採用大婚的形式，最少採用入贅婚，但仍然有百分之一的人家行小婚；中下層人家則在大婚上依序減少，在小婚與入贅婚依序增加，但是其間的差別總比地區差別為小，這一現象明顯表示地區因環境不同所採不同適應的意義，這也正是本文所要強調的主題：在一些共同的原則下，中國的家族組織可以在不同的環境下作相當大幅度的變遷適應。

六

在對上述種種人類學家所著重的有關中國家族組織的問題作一剖析之後，再來對一般所興趣的家庭形式、家戶大小諸問題進行檢討，就會對它們所代表的意義有較深一層次的瞭解。

在一九五〇年以前，研究中國家庭的社會科學家都要在他們論文中嚴斥認為中國人是以四代同堂的大家庭為主的說法，但是在一九五〇年以後，學者們已無需再作這樣嚴正的駁斥，因為大都份的人都已接受所謂「大家族」、「聯合家族」以至於「擴展家族」等等都只是中國人對家族形態的一種理想而已，就如 Maurice Freedman 所說的「這一論點現在已足以使研究中國社會的學者略過不談；就家戶大小的統計資料本身已足以顯示複雜的結構並非中國鄉民家庭制度的特色」（Freedman，1958:19）。這一時代的學者對中國人大家庭問題的看法，大致可歸結為二個要點；

（1）大家庭的形式不可能在任何時間、任何地點普遍存在於中國社會之中。

（2）假如有大家庭存在，應該都是極少數，而且這些少數又只見於仕紳之家或富有的家庭（Lang, 1946; Freedman, 1958; Levy, 1968）。這樣的想法一直到最近都普遍被接受，從來沒有人作太大的懷疑。然而，從近年的人類學田野調查及歷史檔案資料的分析，這一似乎已成定論的問題又開始有人提出質疑了，而且頗有要重新翻案的氣勢。下文我們依序就上述兩重點對這問題的性質逐一加以檢討。

（一）關於大家庭的形式是否可能在任何時間、任何地點普遍存在的問題，人類學者在臺灣所搜集的資料有若干是趨向於肯定的一面。前舉 Myron Cohen 在美濃鎮燕寮客家人的村落從事研究，他發現該村落中六十八個家庭中有二十二（佔百分之三十二．四）是屬於聯合家庭（Joint family），若以人數計，則在六百八十九個村民之中，有三百七十七人是生活於聯合家庭之中的，其比例已超過半數而達百分之五十四．七了。玆將 Cohen 所列燕寮村落各種家庭的比數摘要列如表三。從表中所示我們可以看出所謂「夫婦家庭」（Conjugal family）——也就是一般所謂核心家庭或小家庭，雖然在戶數上佔最多（三十二戶，百分之四十七），但在人數上卻佔少數，僅是總人數的四分之一強，不及聯合家庭人數的一半，以這種情況而論，在這南台灣的客家村落中，確實也可以說在調查的時間內（一九六五年五月卅一日為基準）大家庭是一種相當普遍，而且是大多數人所有的家庭形式。

表三　燕寮家庭形式分佈

家庭形式 / 項目	夫婦家庭 Conjugal family	主幹家庭 Stem family	聯合家庭 Joint family	合計
戶數	32	14	22	68
比例數	47.0	20.6	32.4	100.0
人數	185	127	377	689
比例數	26.9	18.4	54.7	100.0

Cohen解釋燕寮的人為什麼會有這麼多的聯合家庭，他認為這是因為該村是一個以種植煙草為主的社區，種植煙草需要很多的勞力，因此燕寮的人寧願許多小家庭合在一起而不分，這樣就可以形成一個多勞力的群體，以便有效地經營煙草的種植與加工。對於這樣的例子，也許有人要說這是很特殊的一種發展，但是不論是否很特殊，燕寮的這一現象確已支持了我們前此所強調的在現實的環境需求下，中國的家庭是可以作很大的變遷調適，而且仍然沒有脫離其基本原則。

（二）另一個出現大家庭佔相當大比數的例子是由Arthur Wolf所提出。他在本年度中研院民族學研究所召開的「中國家族及其儀式行為」研討會中所提出的一篇論文，即題為〈Chinese Family Size A Myth Revitalized〉。Wolf教授所根據的資料是一九〇五至一九四五年臺灣北部海山區（包括三峽、板橋等地）十一個里的戶籍登記冊，他把這些資料作精細的分析統計，發現在本世紀的前四十年間，海山區的大家族幾乎佔百分之二十五，有的五年距年份的數字且高達百分之三十（一九三六年）；若以大家族所包含的人數計算，則都佔總人數的百分之四十以上，而一九三六年的比數，竟超過總人口的半數而達百分之五十一．七（Wolf,1982:7-9）。Wolf是一位很細心的學者，他的家庭形式分類和標準都相當精細，為避免篇幅過多起見，茲將Wolf的重要數字表格列於附錄中以供參考比較。根據Wolf的報導，海山區是一個稻作農業與部分旱田的地區，並不像燕寮的種植煙葉需要大量勞力，但是大家族仍然十分盛行；這不但減低了燕寮例子的特殊性，而且說明大家族可以在較大區域和較長時間內存在於臺灣漢人的社會之中，由於這一資料的出現遂使 Wolf 先生認為前此人類學者所稱的中國大家族的「謎思」（myth）不再是「謎」了。

Wolf在這一篇論文另一重要而又相關的論點是認為海山十一里居民的平均戶量並不比其他中國各地所得的戶量高多少，他所列的平均戶量如表四：

表四 海山十一里平均戶量表：

年代	平均戶量（每戶人數）
1906	6.56
1911	7.13
1916	6.70
1921	6.94
1926	7.35
1931	7.73
1936	8.19
1941	8.35
1946	8.10

（摘自 Wolf,1982:11）

把上述海山區各年的戶量與 Freedman 所引John Buck 當年調查的十二閩粵地區戶量作比較

（十二地區戶量分別為4.9，5.0，5.2，5.5，5.5，5.5，5，7，6.0，6.4，6.7，7.2與7.6）使Wolf先生認為海山的戶量比較上雖稍高，但除去一九三六年以後的三個數字外，其餘的從5.56到7.73，實際上都仍在閩粵地區所顯示戶量的幅度之內。這一比較有兩個重要的意義：其一是說明海山資料所顯示的並非很特別的現象；但是更重要的是上舉Buck的資料是用來作為證明該地區的家庭多屬簡單家庭或小家庭者（Freedman，1958: 19），經過海山的資料這一比，顯示上述閩粵資料不但不能證明這種平均戶量的幅度可以代表小家庭形式的佔優勢，而且很可能反而表示大家族的比數並不佔少數。實際上這種以簡單戶數要推測家庭形式的途徑，如不經過仔細資料的分析，實是非常危險的事。但是這卻是一般社會科學家和歷史學家所喜歡用的方法，例如中研院三民主義研究所同仁陳寬政、賴澤涵二先生在他們一篇廣受注意的論文：〈我國家庭制度的變遷——家庭形式的歷史與人口探討〉（一九七九）中就有這樣的二段話：

縱觀之，我國自漢代直到民國為止的家庭平均口數，是在五人至六人之間（Buck, 1937:317; Tawney, 1932:43; Lang, 1946:16; Gamble, 1968:4-25），可見一般以為我國社會是以大家庭制度為基礎的看法是錯誤的（P.6）。

從一九〇五年至一九四〇年，日人戶口調查資料顯示，臺灣每戶平均口數在五．五至六．三人之間……故臺灣除少數地主家庭之外，與中國大陸的情況一樣，在其歷史上並無大家庭之存在（P.7）。

這樣的推斷，顯然犯了把簡單平均戶量看成就可代表家庭形式指標的錯誤，但是這又是許多社會科學家和史學家常用的方法，實在值得檢討，也許這裏所舉出來的例子正是人類學者在處理家庭問題時能有貢獻於其他社會科學家之處。

（三）Wolf 先生的論文同時又涉及大家庭的形式是否只能在仕紳之家或富有人家才可實現的問題。根據戶籍資料的記載，海山十一里的居民有百分之八十四・四是農夫與工人，其餘的百分之十五・六的人也大都是工匠、船戶與小商人，全部一九〇五年時約六千人口中，只有五人是地主。由於這一資料所顯示，Wolf 先生判斷海山十一里的居民應該不能歸於仕紳或富有的一類，但是他們卻出現相當大數目的大家庭，這是與前此研究中國家庭的學者所推斷的論點完全不同的（Wolf，上引文：2, 10-18）。

主張大家庭存在於富有人家最力者是 Maurice Freedman，他並且借用英國非洲專家 Meyer Fortes 的家庭循環（domestic development cycle）的觀念，發展出他的中國「窮人」家庭循環與「富人」的家庭循環兩種發展模式。前者的循環模式是從夫婦家庭發展為主幹家庭，然後再由主幹家庭變遷回夫婦家庭；後者的模式是從夫婦家庭發展成主幹家庭，然後由主幹家庭再發展成大家庭或聯合家庭，等到聯合家庭分家後，新的夫婦家庭再出現。我們可以把這兩個循環表示如下：

（1）窮人循環：夫婦家庭→主幹家庭→夫婦家庭

（2）富人循環：夫婦家庭→主幹家庭→聯合家庭→夫婦家庭

Wolf先生利用他完整的資料為海山十一里的居民家庭循環算出許多發展的或然率，他發現海山的主幹家庭發展為大家庭的或然率為0.557，而縮小為夫婦家庭的或然率則為0.371，這顯然是屬於Freedman所說的富人循環而不是窮人循環的模式。Wolf先生同時也計算海山居民夫婦家庭的前身是由何一形式轉變而來的或然率，他發現由大家庭分裂而來的或然率為0.605，由主幹家庭縮成的或然率僅為0.272，這種發展亦屬富人循環的模式（上引文：17）。

由於以上的資料，使Wolf先生不但否定了Freedman的家庭循環兩模式的真實性，同時也使他趨向於認為中國農村的家庭本來就具有發展成大家庭的推力，只要環境的需要與許可，大家庭的形式是隨時可普遍出現，而非為少數富有者所專有。

七

筆者因為資料與研究範圍的緣故，對近代中國家庭變遷的處理只限於以臺灣所發現的現象為主，我們沒有以為臺灣的資料就可以代表中國文化在特殊地區的一種發展，而這種發展的模式對中國社會文化的整體動向應該會有若干啟示。

從上文對臺灣漢人家族的種種適應與變化的分析，我們可以綜合提出兩個要點再加以檢討引伸。首先是家族組織及其相關儀式行為的變遷，不論其變遷的幅度多大，但仍然是根據一些基本構成的原則在作彈性的運用，或者在不同的場合對不同的原則交替加以強調而已。這些構成家庭組織的基本原則不外乎如前文所說的：親子關係原則所表現的如慎終追遠的觀念、世系關係原則所表現的如權利義務的因素，以及權力關係原則所包含的分支、對抗、合併等範式。在不同的環境之下，因為特殊的需要，某一原則就會被強調，其他原則就會被隱埋，因此就會出現容易被認為是乖離傳統精神的現象，在這種情形下只有深究基本原則的運用過程，才能明瞭原則不變彈性調適的內在意義。中國家族的這種富有伸縮性的調適力量。實際上不止在家族組織本身可以觀察出來，而且在家族組織的延伸——宗族組織的發展上也可以清楚地看出來。中研院民族學研究所同仁莊英章、陳其南二先生最近在一篇綜合評析人類學者對中國宗族研究的論文中（一九八二），就針對外國學者只著重局部現象的表現而爭議譜系抑或財產在宗族形成上較為重要的觀點有所批評，他們並提出對宗族形成因素的一套自己的看法，頗能對爭議已久的宗族問題導出新的研究途徑。我個人的看法，覺得莊、陳二位的理念，正可以為本文所要強調的家族調適的模式作一有力的註解。

其次一點要再加延伸討論的是關於現實的功利主義在調適過程中所扮演的角色。如上文的分析，無論在移殖的時代，以至於現代工業化的時代裏，功利主義的現實思想都扮演重要的誘導調適方向的角色。功利主義的持續不變一方面固然是環境的壓力所致，另一方面也可能是民間宗教信仰的形態所促成，實際上這兩方面很可能是互相助長的。我國民間信仰的特色是超自然成份與道德倫理成份有相當程度的分離（YANG，1961:278-286），超自然信仰與倫理系統的分離是最易於促使功利主義抬頭的宗教體系，我們在實徵的研究上也看到宗教行為的功利主義趨勢（瞿海源，1982;李亦園，1982b），這種趨勢與社會行為的交相作用，也就控制了社會發展與調適的重要方向。

【引用書目】

王崧興

1967 龜山島—漢人漁村社會之研究，中央研究院民族學研究所專刊之十三，臺北，民國56年。

李亦園

1967 台灣的民族學田野工作，國立臺灣大學考古人類學系專刊第四種，頁48-51，臺北：國立台灣大學考古人類學系，民國56年。

1978 信仰與文化，臺北：巨流出版公司，民國67年。

1982a 家族與其儀式：若干觀念的檢討，中央研究院「中國家庭及其儀式行為研討會」論文，臺北，民國71年。

陳中民

1967 晉江厝的祖先崇拜與氏族組織，中央研究院民族學研究所集刊，第二十三期，頁167-194。

陳祥水

1973 「公媽牌」的祭祀——承繼財富與祖先地位之確定，中央研究院民族學研究所集刊，第三十六期，頁141-164。

1978 中國社會結構與祖先崇拜，中華文化復興月刊，第十一卷，第六期，頁32-39。

陳寬政、賴澤涵
1979　我國家庭制度的變遷——家庭形式的歷史與人口探討，中央研究院三民主義研究所專題選刊之二十六，臺北。

莊英章
1972　臺灣農村家庭對現代化的適應，中央研究院民族學研究所集刊，第三十四期，頁85-90。

莊英章、陳其南
1982　現階段中國社會結構研究的檢討：臺灣研究的一些啟示；社會及行為科學研究的中國化，中央研究院民族學研究所專刊乙種第十號，頁281-310。

謝繼昌
1982　輪伙頭制度初探，中央研究院「中國家庭及其儀式行為研討會」論文。臺北。

瞿海源
1982　宗教信仰與家庭觀念，中央研究院「中國家族及其儀式行為研討會」論文，臺北。

Ahern, Emily M.
1973　*The Cult of the Dead in a Chinese Village*. Stanford: Stanford University Press.

Chen, Chung-min

1977 *Upper Camp: A Study of a Chinese Mixed-cropping Village in Taiwan*. Institute of Ethnology, Academia Sinica, Monograph Series B. No. 7, Taipei.

Cohen, Myron

1967 Variations in Complexity Among Chinese Family Groups: The Impact of Modernization. *Transactions of the New York Academy of Science*, 29, no. 5. pp. 638-44.

1970 Developmental Process in the Chinese Domestic Group, In *Family and Kinship in Chinese Society, ed*. Maurice Freedman. Stanford: Stanford University Press.

1976 *House United House Divided*, New York: Columbia University Press.

Freedman, Maurice

1958 *Lineage Organization in Southeastern China*. London:Athlone Press.

1966 *Chinese Lineage and Society: Fukien, and Kwangtung*. London: Athione Press.

1967 Ancestor Worship: Two Facets of the Chinese Case. In *Social Organization: Essays Presented to Raymond Firth*, ed. M. Freedman, Chicago: University of Chicago Press.

1969 Geomancy (Presidential Address 1968) , *Proceedings of the Royal Anthropological Institute of Great Britain and Ireland* for 1968.

Greenhalgh, Susan

1979 *Toward an Inclusive Definition of the Chinese Family for Use in Income Distribution Studies.* Manuscript. Talk at the Institute of Ethnology, Academia Sinica.

Hsu, Francis L. K.

1948 *Under the Ancestors' Shadow*. London: Routledge & Kegan Paul.

Lang, Olga

1946 *Chinrse Family and Society*. New Haven: Yale University Press.

Li, Yih-yuan

1976 Chinese Geomancy and Ancestor Worship: A Further Discussion In *Ancestors*. Ed. W. Newell The Hague: Muton.

Levy. Marion

1968 *The Family Revolution in Modern China*. New York; Atherneum.

Pasternak, Burton

1972 *Kinship and Community in Two Chinese Village*. Stanford: Stanford University Press.

Wolf, Arthur

1981 Domestic Organization, In *the Anthropo1ogy of Taiwanese Society*. Ed. M. Ahern and Hill

Gates. pp. 341-60, Stanford: Stanford University Press.

1982 Chinese Family Size: A Myth Revitalized, Paper Presented in Symposium on Chinese. Family and its Ritual Behavior. Academia Sinica, Taipei.

Yang. C. K.

1961 *Religion in Chinese Society*. Berkeley: University of California Press.

民國七十一年七月「近代中國的變遷與發展研討會」論文刊於
中央研究院民族學研究所集刊，第五十四期，七十一年秋季

玖、人類學與人口問題

一、文化人類學與人口研究

人類學是研究人本身及其所創造文化的科學，換而言之，人類學是同時從生物和文化的觀點來研究「人」，因此不論我們把人類種族繁殖問題——人口問題看作是生物的現象或是文化的現象，人類學的研究與人口的研究都有相當密切而不可分的關係。但是，無可否認的，在最近十年以前，人類學家參加人口問題研究的實在非常少，其對於人口問題研究無論在理論上或實用上的貢獻也微乎其微。人類學家前此之所以未積極加入人口研究的行列，大致可認為是由於下面二種原因：較早的人口研究大都屬於較狹義的人口學（demography）研究，其方向偏重於問題的「量」方面的探討；並講究統計技巧的運用，而無可諱言的，人類學家在社會科學家中是最不重量的表達，也是最晚採用統計學方法的，因此人類學家也就未積極參加這種被認為屬於「較技術性」的學科中去了。其次，由於學科傳統的關係，人類學家研究的對象都以初民社會或鄉民社會（peasant societies）為主，而且集中其研究目標於一個部落、村落或小社區上；由於研究單位的小範圍，所以使人類學家易於忽略人口過程的許多複雜現象。不過，由於近年來，人口問題探討的方向，已逐漸自狹義的人口學研究擴展到「人口研究」（population studies），人口現象的探討不再是生物統計學家和人口統計學家所專門的學科，而是各種不同的社會科學家和行為科學家都共同有興趣而參與的問題，他們從各個學科的立場從事人口動態和過程的社會、經濟、心理和文化因素的研究，企圖從較廣的角度來瞭解人類種族繁殖的根本問題，而就在這種情況下，人類學家自然而然地加入了人口研究的行列之中。

人類學家的知識，對人口問題的研究，本來就應該有基礎性的重要意義，即使是對若干小部落、小社區生育模式的知識，也對於全人類繁殖生續問題能有所貢獻。人類學家不只是以全人類現生的種族為對象，同時也以過去全部人類活動的過程為對象，因此人類學的研究，對於人類早期人口現象可提供一個較明晰的輪廓。人口學家一般對人類人口發展過程的說明，只從十七世紀工業革命時代開始，並以之為基礎而建立人口演變的模型。但是我們如根據人類學家的材料，把歷史推往一百萬年，甚至於兩三百萬年前，當人類剛和其他靈長類分支之時，我們可以發現早期的人在地球上活動的情形不一定像人口學家所描繪的模型一樣，因此對早期人口歷史的研究使我們對整個人類種族的繁殖有一個較完整的概念。

人類的行為雖然以生物性為基礎，但受到的文化性塑模卻非常大；文化傳統不同所導致的行為差異是很明顯的事。生育行為是人類行為的一種，因此其所受文化塑模和約束的力量也是相同的。人類學家以研究全世界各種不同民族的文化為己任，因此他們對各民族因文化傳統不同所產生的各種不同行為最為瞭解，最能把握到其差異幅度的大小。例如人類學家常可說明因為生計方式、家系傳承、親族組織、政治結構、宗教信仰以及價值觀念等的不同所引起生育行為的特殊模式。從這樣的研究和資料中，人類學家常可指出一些以西方文化為基礎的生育行為和人口理論與概念，並不是真正能適用於全人類的社會的。

再說關於家庭計劃的問題，人類學家在這方面也頗能貢獻其研究所得。一般推行家庭計劃的方案與執行人員在推動家庭計劃時，大都著重於一些直接與生育有關動機的運用與破除上，而忽略了若干社會文化因素雖在表面上與生育行為無直接關聯，卻可利用作推行家庭計劃的手段。人類學家以研究「奇風異俗」而著名，但他們並不為好奇而搜集這些奇風異俗，他們經常深人地瞭解特殊風俗背後所代表的社會意義。他們對全球各民族風俗習慣的知識實際上可提供家庭計劃的推行很多可以參考之處。

二、早期人類的人口歷程

人類學家研究的對象是包括過去和現在全人類的各種不同的種族，換而言之：他們的觀點是放眼於全球的人群，所以他們經常持有不受西方文化囿限的看法。對於人口問題，人類學家所能提供最重要的觀點也是一些超越西方文化為中心的模型概念。先就全球性人口增長問題來說，目前人口學家都以「單一變遷」（Single-transitional model）來說明人類人口增長的歷史，認為

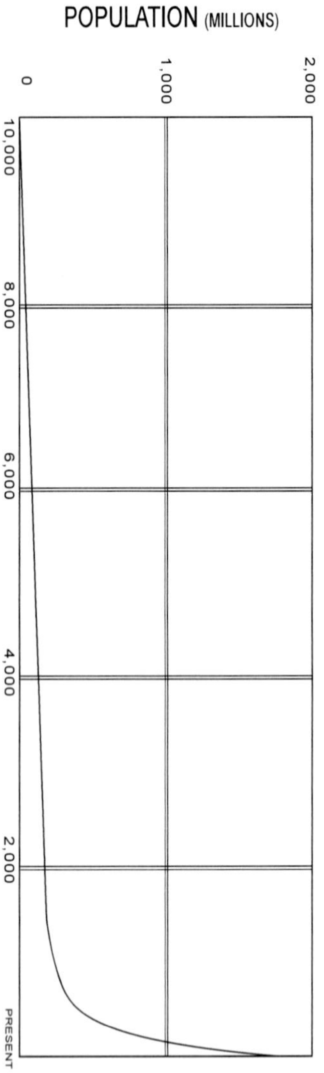
POPULATION (MILLIONS)
0
1,000
2,000
10,000
8,000
6,000
4,000
2,000
PRESENT

圖一

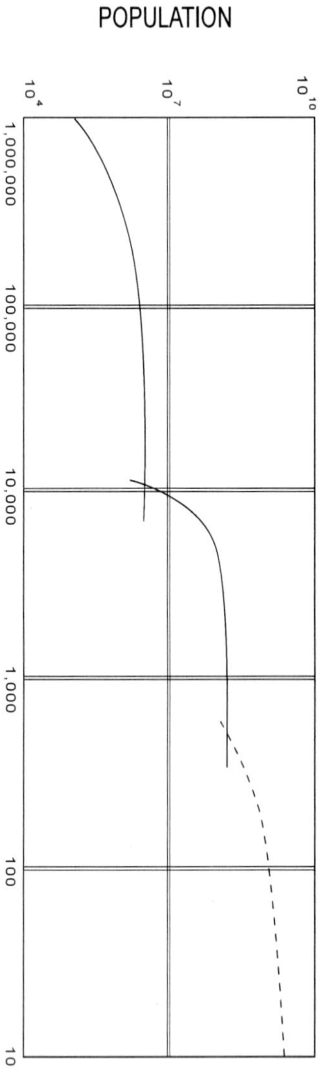
POPULATION
10^4
10^7
10^{10}
1,000,000
100,000
10,000
1,000
100
10

圖二

人類歷史上的人口變遷在一六五〇年以前都是沒有多大波動的；一直到工業革命之後，才出現急劇上升之勢而至於現在。這種模型下所說明的人口變遷情況可以用圖一表示。但是我們如把人類種族繁殖的歷程看得更遠一點（從人類進化的觀點看，人類種族的歷史最少可早到一百萬年以前），並且注意到工業革命以前人類生產方式的其他變革階段，以及西方文化以外地區的地方性人口變化，我們就可以發現情況並非如此單純；如圖二所示自一百萬年前到現在，人類人口的歷史曾有三次大增長的階段。假如把這三次人口大波動和生產方式的改變放在一起說明，我們就可以更清楚地瞭解變遷的情形。如表一所示（〔6〕pp.195-198），第一次變動是在一百萬年前開始，那應是人類開始更有效地使用工具以獲得食物的時代，用術語來說是工具革命（tool-making revolution）的時代；因為有了工具之後獲得食物的量大增，同時更能擴展分佈到從前不適宜於生活的地區，所以人類人口從每平方公里0.004 人漸增至 0.04，而總數從十二萬人增至五百萬人。第二次的波動是在九千年前之時，那正是人類開始懂得種植的時代，一般稱之為「新石器時代革命」（Neolothic revolution）或「農業革命」（Agricultural revolution）時代，在這短短的八千年中（比起前期的一百萬年間，自然顯得很短），全球人口增加了一百倍，總數已達五億以上。第三次人口增長才是前文所說的起於十七世紀的工業革命所帶來的；在這三百年來，人類總人口增加了七倍以上，而且將以更快速的情況增加下去。從上面這種全球性人口增長與生產方式關係的分析中，我們可以看到每一次的生產方式的改變，促使人類能夠獲得更多的食物，同時更能適應

表一：一百萬年來人類人口變動

年代	文化階段	每方公里平均人數	全球人口總數（單位：百萬人）
百萬年（以前）	舊石器時代下期	0.004	0.125
三十萬年	舊石器時代中期	0.02	1.0
二萬五千年	舊石器時代上期	0.04	3.34
一萬年	中石器時代	0.04	5.32
二-九千年	新石器農耕時代	0.01-1.0	86-133
210-310年前	農耕及工業時代	3.7-4.9	545-728
10-60年前	農耕及工業時代	11-16	1,610 -2,400
現代-公元二千年	農耕及工業時代	<46	6,270

於更寬廣幅度的不同環境，使他們的分佈區域更為遼闊，因此人口得以增加；換而言之，每一次生產方式的改變使人類得到一次打破自然環境對他們種族繁殖的限制，而使總數大為增加。但是

在另一方面，我們又可看到，如圖二所示，前二次的生產方式改變後所引起的人口增加，到了某一階段，人口總數開始進入一個均衡的狀態，也就是說，在經過一急劇的增加之後，到達一高峰就停在靜止的狀態不再增加。這種均衡的狀態，到底是自然所給予的限制，抑是人類本身所產生的限制？這正是我們要問在近代的人口增加曲線中是否也會有一段到達均衡狀態的期間的重要關鍵所在。

前文說過，西方人口學家以近代西方人口變遷的情況，建立了人口變遷的模型。這一模式說明人類人口變遷的歷程，是先經過出生率和死亡率都很高的階段，然後進入死亡率壓低而出生率仍維持很高的階段，最後才連到出生率和死亡率都低的現代階段。一般人口學家都認為這種變遷的模型可適用於全世界各種不同的民族，因此稱之為「單一變遷模型」。但是實際上從人類學家研究世界上各民族的人口歷程的資料看，這種單一變遷的模型，並不能適合於說明非西方社會的情形（〔10〕）。

著名的人口人類學家哥倫比亞大學的 Moni Nag 教授曾研究六十一個不同地區和民族的生育率，發現非西方社會的綜合生育水準（Composite fertily level）有很大的差別（〔11〕,pp.15-18）。他把綜合生育水準分為高、低和很低三種，然後歸納所研究的六十一個社會於其中，其結果摘錄如表二：

表二：非西方社會綜合生育水準

綜合生育水準＼地區	非洲	美洲	亞洲	大洋洲
高	2	14	8	2
中	6	2	4	4
很低	3	0	1	6

從表二所示，我們可以看到並非所有的非工業化或非西方社會的生育率都像傳統人口學家所說的那樣高，特別在大洋洲，我們可以看出生育力低和很低的社會都較生育力高的社會多。

較原始的民族在出生率和死亡率上也經常因時代而有異，並非都維持很高的比例。表三列舉兩個北美洲地區的印第安族出生率和死亡率作為比較。北部平原印第安人的死亡率自30至53，而British Columbia則自33至45，其間相差相當可觀（〔19〕, p.24）。

表三：兩個印第安族出生死亡率比較（千人為單位）

時期	北部平原		British Columbia	
	出生	死亡	出生	死亡
1895 - 99	45	49	30	35
1900 - 04	48	53	33	45
1905 - 09	44	33	37	35
1910 - 14	44	42	36	37
1915 - 19	44	41	39	33
1920 - 24	43	30	—	—
1925 - 29	43	33	—	—

一般人都以為，早期人類在狩獵和採集時代，其生活水準都是非常低，甚至都是在半飢餓的狀態下生活著，因此其死亡率也隨著生活水準低落和營養不足而維持很高的比率。其實這僅是一種推論而已，根據人類學家 Richard Lee 等人的研究（〔10〕pp.201-04），在非洲 Kalahari 族沙漠居住的布須曼（Bushmen）人，是最原始的採集民族，但他們食物的獲得卻相當豐富而固定，估

計每一個布須曼人每人每日平均可得二千一百四十卡路里熱量及九三・一克的蛋白質。因布須曼人身材都很短小（男人平均一五七公分，女人一四七公分），所以每日只需一千五百至二千卡路里的熱量已足夠，由此可見他們能得到的熱量遠超過他們的所需，而與半饑餓或營養不足的想法相去甚遠！

有人則認為狩獵採集社會的人多處於險惡環境之中，所以意外死亡的比率應該很高。同時這些原始民族因醫藥設備全無，所以疾病和各種傳染病所引起的死亡也可能有很高的比率。其實這種想法也未能得到實例的支持。根據體質人類學家 Adolph Schultz 的報告，早期人類骨骼上所看到的意外而致死亡的情形非常少，同時著名的人口人類學家 Steven Polgar 也說明在經營小群體生活的狩獵採集民族，傳染病及細菌的蔓延都不易，因此死於此類疾病的比率都不會是很高的（〔14〕pp.205-206）。

落後民族的出生率和死亡率是否都是很高的，也可以從另一方面的例子得到說明。人類學家 Joseph Birdsell 研究澳洲土人的人口增長歷史，發現澳洲土人在接觸到白人之前有相當快速的人口增加率。假如他們的出生率和死亡率都很高的話，他們的人口就不可能快速地增加，而早在白種人到來之前，就已分佈遍及澳洲大陸的各個角落了。澳洲土人的文化一向被認為是現在人類文化中最低落的一群，他們代表較早期人類文化的發展階段，但是他們的人口歷程與單一變遷模式所說的最初人口變遷階段並不符合（〔1〕pp.47-69）。

三、文化模式與人口歷程

根據靈長類學者的研究，人類以外的靈長動物在出生和死亡的比例上經常是維持均衡的，這是由於單純生物因素所控制而然。但是人類的情形則不同，人類因為有了文化，文化的因素經常抵消了生物因素的作用。因此出生和死亡的比率也就不均衡，而文化的差異也就產生不同的人口繁殖狀態。本節的目的就是要說明不同的文化模式如何使不同的民族有差異的人口歷程。

人類種族的繁殖是三種現象交互作用的結果，這三種現象是生育（fertility）、死亡（mortality）和遷移（migration）。不同文化的民族表現在這三種人口繁殖現象上的情況都有不同，換而言之，文化對這三種現象都有相當的塑模力量，下文擬就各種因素來說明文化對這些生殖行為影響和塑模的情形。

（一）生育

三項人口歷程中生育的研究遠較其他兩項歷程（死亡與遷移）更受注意，這自然是因為對生育現象的瞭解是解決人口過剩問題的關鍵所在。遠在二十年代，英國學者 Carr-Saunders 即收集許多非工業化社會的生育行為資料作比較研究，認為落後民族的生育率都是很低的，而致使這樣低生育率的原因可分為有意和無意的兩種：有意的原因包括墮胎和產後性禁忌，無意的原因則有長期餵乳和成熟期前的性放縱（〔4〕pp. 18-28）。Carr-Saunders 所根據的材料都不是有可靠的來源；所以他認為落後民族的生育率都是很低的，即是根據不實材料而得的結論，但是他把生育率和文化因素的關係放在一起討論，即是開創了這一研究的風氣，其後 Clelland Ford 就追隨這一研究方式，進一步採集較可靠的資料作泛文化的比較研究。Ford 的研究雖未估計各民族的生育水準，但是他的一個重要結論，給後期的學者予很大的啟示：他認為每一文化多少都有鼓勵生育的風俗習慣，可是生殖與養育過程中給予個人的痛苦與困難也很大，所以每一社會都會提供一種高於這些痛苦代價的獎勵方式以維持生殖比率，否則種族將會瀕臨絕滅（〔8〕）。

由前述 Ford 研究的啟示，著名人口學者 Frank Lorimer 和他的同事們即在聯合國文教組織支持下研究社會文化因素對生育的影響（〔9〕）。Lorimer 在他的研究中提出三個假設用以說明社會結構和變遷對生育行為的影響，這三個假設是：

(a) 凡具有單系親族群——unilineal descent（不論父系或母系），並有共同親族團體的社會較易於產生高生育率的文化動機。

(b) 擴展家族等共同群體的存在並不一定形成高生育率，但易於趨向服從遵守社會規範。

(c) 社會解體（Social disorganization）可以使生育率增加亦可使之減少，端視此一解體是由於消極地接受處境或致命的疾病使然而定。

Lorimer 的假設較為籠統，但不失為這一類研究開導出一個方向，其後 Kinsley Davis和 Judith Blake 完成他們的論文 Social Structure and Fertility: An Analytical Framework（〔5〕）即是繼續 Lorimer 的工作而加以發揮的。他們認為 Lorimer 雖有假設，但未提供一研究的架構，所以他們提出十一項「中間變項」（intermediate variables），以為只有經由這些中間變項，文化因素才能影響生育率。Davis和Blake所提出的十一項中間變項可分為四組如下：

（a）高生育值

1 結婚年齡

2 避孕

3 生殖力（受有意原因之影響）

（b）低生育值

4 有意性禁忌

5 無意胎兒死亡

（c）高或低生育值

6 不穩定婚姻的時間

7 寡婦不再嫁

8 有意胎兒死亡

（d）中間性

9 無意性諱避
10 性交頻率
11 無意性不育

Davis 和 Blake 的架構後來又為 Ronald Freeman 以及 Moni Nag 等人加以擴展應用，說明文化因素對生育行為的塑模力甚為明顯，同時也解釋許多非西方民族的人口增加。並不一定是由於死亡率的降低而然，很多是由於固有的控制生育率的制定或風俗不發生作用或不存在所致。對於這一點我們可以用人類學家研究本省北部地區婚姻與生育的例子來說明就更清楚。

史坦福大學的人類學家 Arthur Wolf 在研究本省北部三峽鎮的婚姻型式時，發現在過去半世紀中，童養媳（一般稱為小婚）婚姻的比例很高。他列舉三峽鎮的一個村落中自一九〇〇至一九二五年間童養媳婚與嫁娶婚（又稱大婚）的比例如表四，從這一比例中我們可以看到這種被視為例外形式的小婚其數目與大婚數相去不遠，而在一九二一至二五年間，數字甚且超過大婚數，這種情形與目前本省婚姻形式比較起來可以說是相當突出的。這種小婚的形式與人口增減有關聯之處，則是由於童養媳的婚姻夫婦間的感情不好，離婚率很高，不然就是丈夫在外有婚外的性關係等等。由於夫婦感情不睦，所以子嗣就較正常婚姻為少，表五列出二種不同婚姻型式在婚後五至廿五年的平均子女數作比較，可以看出小婚的子女數是遠較大婚者的子女數為少（〔20〕

pp.883-898）。照一般的文獻記載，早期臺灣各地這種稱為小婚或「送做堆」的童養媳制度甚為流行，應不僅限於北部地區而已，所以這種制度的存在，依 Wolf 教授的想法，應該是一種對生育率限制的無意因素，而這種制度在一九二五年以後的逐漸不流行，也是使臺灣人口增加的原因之一。人口學者多認為一九三〇年代臺灣醫藥衛生的改進，使死亡率急劇降低，是使臺灣人口在那時代大量增加的原因，但是從上述例子看來，在整個人口繁殖的歷程中，許多文化因素的作用是不能忽略的。

表四：大婚與小婚的比較

結婚年代	小婚數	大婚數	合計
1900－05	26	38	64
1906－10	17	31	48
1911－15	22	34	56
1916－20	29	34	63
1921－25	38	34	72
合計	132	171	303

表五：兩種婚姻平均子女數之比較

結婚年數	小婚子女數	大婚子女數
第一個五年	1.06	1.74
第二個五年	1.01	1.55
第三個五年	0.97	1.51
第四個五年	0.94	1.21
第五個五年	0.49	0.75

（二）死亡

馬爾薩斯在他的人口論中早已認為饑餓、傳染病和戰爭是人口增長最大阻力。一般人口學家也都認為使落後民族死亡率甚高或時有起落的原因，也是饑餓、傳染病和戰爭三項，但是如前節所述，因饑荒和傳染病而引起大量的死亡在落後民族中並不常見，在採集和狩獵的民族中尤較農業民族為少。戰爭所引起的死亡，在人類學文獻中討論的較多，Morton Fried 和他的同行們所編的 *War: The Anthropology of Armed Conflict and Aggression* (1968)一書討論這一問題最為詳細，但是他們認為真正因戰爭而引起較大量的死亡，在狩獵和採集時代仍少見，只有在定耕的農業時代才會產生此現象。哥倫比哥亞大學人類學家 Marvin Harris 且認為在農業時代主要戰爭的原因是人口的壓力，他並且認為戰爭一方面使死亡率大增，特別是青壯年人死亡更多，另外一方面可使人口遷移至從前無人居住的區域，如此就可以使人口的壓力緩和。但是，另一派的人類學家對戰爭的看法則稍異，他們把戰爭看作是許多侵略行為中的一種，一個民族在性格上是否較具有侵略性，又與該民族的文化系統，特別是他們的兒童社化方式有密切關係，因此不同的文化由於其侵略性行為或好戰與否，也就影響到該民族死亡率的高低。

人類學家談到文化影響死亡率高低最常引用的因素是溺嬰。Birdsell 曾估計在石器時代的人類有百分十五到五十的嬰兒是出生後被殺的。Asen Balikci 就是民族誌的材料，Henri Vallois 從人骨遺存的材料都證明 Birdsell 的估計沒有誇大（〔14〕pp.205-206）。一般都認為溺嬰的主因是因為糧食不足或母親無暇可照顧嬰兒，但是事實並非盡然，有許多民族殺嬰，特別是殺女嬰是因為其他社會制度所致，例如在印度，殺女嬰的因素包括階級制度及其相關的風俗如高階婚、婚禮花費，聘金以及老處女未嫁所引起的羞辱等。另外有些民族則因為儀式性的禁忌而有大量殺女嬰的現象。

人口學者一般都把溺嬰的現象計算在出生率和死亡率兩層資料上，但對墮胎則兩者都不計，對於這種計算的方式和原則，人類學家頗表懷疑，因為在很多民族中殺嬰與墮胎實不易分清楚。例如在 Yanomama 印地安族中他們阻止受孕至成為活嬰的方法就很難說是屬於殺嬰或墮胎。這種印第安人有時使用暴力使六至七個月的胎兒墮下，墮下的胎兒如有活著的徵象時，他們會再加殺害。對人類學家而言，殺嬰和墮胎應該置於同一範疇來看才更合理。

人類學家對人類遷移的研究有相當長的歷史。只是他們研究遷移的問題較著重於文化的方面，而一向較忽略了人口學方面的意義。

（三）遷移

人類在本質上較其他動物而言實是一種易於他移的種族；人類自從脫離猿類的共祖後，具有直立的身體並用兩足著地走路，同時發展成雜食的動物，因此他的行動範圍擴大，並且可以隨遇而安，這是人類這一種族易於遷移的生物基礎。就目前材料所知，人類最早的祖先住在東非洲一帶，年代距離現在約二百萬年，但是在距今約五十萬年前，人類的分佈已自非洲擴大至亞洲和歐洲，此時也就是北京人、爪哇人和海德堡人時代，其時歐亞大陸北方為冰河所覆蓋，所以人類居住地較趨於南方，要等到冰河的逐漸退去，人類才慢慢地向北遷移而居於舊大陸的全部地方。人類歷史上最大最遠的遷移是移居澳洲和美洲。移住澳洲大陸的年代約在距今五萬年前，移居的方向是從印尼群島的東部移去的。美洲的移民時間較晚，最早至三萬二千年，最遲約在一萬五千年前，其時介於西伯利亞和阿拉斯加之間的白令海峽有陸橋聯起來，所以古亞洲人可以沿著陸橋往東遷移，而慢慢地及於全美洲。

近年來人類學家亦已較注意遷移現象的人口學意義，同時也著重於說明遷移與文化生態學關係，例如著名的東南亞專家 Peter Kunstadter 研究泰國北部 Mae Sariang 區內二種不同文化的 Lau

族和 Karen 族在山區與河谷遷移的情形，很明顯地說明文化的差異如何影響遷徙的模式。居住於 Mae Sariang 山區的人因婚姻固定，疾病傳染不易所以人口增加率很高，也就有不斷向外遷移的趨勢，但是因文化背景不同，山居的 Lua 人趨向於向河谷遷住，並很快地失去其 Lua 族的傳統，變為本地泰人；而同為山居的 Karen 人，較不願失去其 Karen 傳統，所以較少遷向平地，而只是向其他山區再謀發展（〔13〕pp.46-60）。

不少人類學家，現在也研究不同種族移民的適應問題，同時也有人研究鄉村移民在城市中的適應，關於這一類問題，有關非洲的研究最有成績。密西根州立大學的Bernard Gallin和他的同事，也曾致力於研究本省彰化縣一鄉鎮的移民如何利用其原有的社會結構原則以適應於臺北市的商業環境。

四、文化因素與生殖行為

（一）性與文化

每一個民族都有一套他們自己的對兩性關係的看法和做法，這一套看法和做法未必針對生殖子嗣而有，但卻都直接間接影響到生殖行為。人類學家一向被認為興趣於「奇風異俗」，對性的風俗也在搜集之列，但是這些被視為奇風異俗的資料，卻可提供一些正確的生殖模式或改正一些對生殖行為的誤解。

一般人口學者都相信落後民族的生育率很高，而使生育率高的原因是因為這些民族夫婦性行為的頻率很高，這種想法實際上並不能得到實證的支持。最近有人研究印度人和美國白人婦女的性行為頻率，發現三群印度婦女每週性交的次數大都遠比美國白種婦女為低，而印度卻是生育率很高的國家，美國則反之（參看表六），自然我們可認為美國人流行避孕方法，所以性行為率雖高而不致有高出生率，但我們卻不能說印度人的高出生率是由於性行為率高而使然（〔14〕pp.231-257）。

表六：印度及美國婦女每週性行為平均數

年齡群	美國白人	印度教徒	Sheikh 回教徒	非 Sheikh 回教徒
10—14	1	0.4	0.3	0.4
15—19	3.7	1.5	1.7	2.3
20—24	3.0	1.9	2.4	2.6
25—29	2.6	1.8	2.4	2.7
30—34	2.3	1.1	1.8	2.1
35—39	2.0	0.7	1.4	1.5
40—44	1.7	0.2	1.0	0.8
44以上	1.3	0.3	0.4	0.4

使印度人性行為頻率較低的原因可能有很多，但文化因素使然則很明顯，其中最重要的是儀式性的性禁忌。世界上各民族都或多或少有一些儀式性的性禁忌，最普遍的一種是產後禁忌（Postpartum taboo）。婦女生產後一段時間的性行為禁忌在各民族中都常見，但禁忌的期間則差別很大，人類學家 Saucier 研究一百七十二個不同民族的產後夫妻性避諱的情況，發現長久性禁忌的分佈是有特定的區域的（請參考表七），換言之，這種禁忌是與若干特殊的文化因素相關聯的（〔14〕pp.238-249）

表七：一七二個民族產後性禁忌情況

禁忌時間＼地區	薩哈拉以南非洲	北非	地中海	亞洲	大洋洲	北美	南美	總計
(1)少於十二個月	18	4	5	16	18	31	22	114
(2)多於十二個月	25	4	0	3	9	7	7	58
(1)／(2)	58.1	50	0	15.7	3.33	24.3	24.1	33.7
等級	一	二	七	六	三	四	五	

（二）信仰與價值

一個民族的信仰系統與價值觀念經常與其生殖行為有密切的關係，特別是有關子女的存在對父母有何價值意義以及一對夫婦理想子女數的多寡等問題，都是直接與生殖有關係的。對於這些問題在不同民族中所表現不同意義的說明，最好用人類學家 Marc Swartz 研究東非洲三個民族的情形為例（〔17〕pp.73）。Swartz所研究的民族是住在東非洲坦桑尼亞南部的 Bena 和 Heha 兩族，以及住在肯亞的 Luo 族。這三個東非黑人民族在 Swartz 調查之時其理想家庭子女人數都表現相當高，但三者之間卻也有相當大的差別，Bena 族理想子女人數最高，平均為九・四人，Hehe 次之為六・七人，Luo 最低為四・五人。根據 Swartz 的研究，使這三族人都有很高的理想子女人數的原因大致相同，首先這三族人都把子女眾多當做是表示一對夫婦在社會中有好的聲望和道德水準，因為有好的聲望和道德水準神才會給他眾多子女。其次三族的父母親都把子女當作一種財富，並且希望子女在他們自己年老時奉養他們，由於上述的二個原因，所以使東非洲的這三族人都希望家庭中有較多的子女。但是三族人理想子女人數之差別也甚大，這是因為他們相信超自然所加之於不孝子女的懲罰的傳統不同。理想子女人數最高的 Bena 族中，沒有制裁不盡奉養父母責任的人的風俗，所以使 Bena 父母希望有較多的子女以便得到年老後有人照顧較大的保證。在 Luo 族中以及 Hehe 族都有經由超自然的方式制裁不孝的子女，所以他們的理想子女人數不會像 Bena 族那樣大。此外，在 Luo 族中，奉養父母的責任，可以是男孩也可以由女孩擔起，所以 Luo 族中沒有明顯子嗣性別偏好，而 Bena 族和 Hehe 族則有明顯的男嗣偏好，這是使 Luo 族理想子女人數趨低的原因之一。

信仰系統的不同對生殖行為的影響也是很明顯的，不同的宗教信仰常有很大的生殖行為差異。基督教徒和天主教徒對各種生殖行為態度上的分別是最好的例子，佛教徒出世的態度以及回教徒入世的態度也是使他們生育行為有別的主因。我國人崇拜祖宗，注重世系延續和「香煙不斷」的觀念，應該是使國人希望較多子女並有男嗣偏好的原因之一。

（三）家庭與親族結構

前文已說過學者們對家庭及親族結構如何影響生育力的假設。人類學家對家庭或親族結構的問題最有興趣，所以他們不但分析親族群形式的不同如何影響人類生育力的差別，同時也研究不同的民族如何利用親族群體來調適環境及人口增多的壓力。哥倫比亞大學人類學者 Andrew Vayda 和密西根大學的 Roy Rappaport 都是以著力於研究太平洋玻利尼西亞和密克羅尼西亞等小島上居民如何利用其有限的資源以維持不斷增加的人口而著名。他們認為這些群島上的居民為了適應有限的土地，所以採用各種不同的方法以緩和人口的壓力，其中最重要的方法是利用親族組織的形式來做調適的工具。Vaydac 和 Rappaport 兩人認為太平洋群島上的土著行非單系親族（non-unilineal kin group）並盛行收養子女的制度，是他們調適土地有限而人口日增的一種文化設計（cultural device）。所謂非單系親族是把父母兩方的親族都包括在內的群體，這與單以父方或母方親族為重的單系親族群（unilineal kin group）恰恰相反。在非單系親族社會中一個人可選擇父方或母方的土地而承繼，端視那一方的土地限制的情況較不嚴重而定，這樣對因人口激增所產生的土地分割承繼的困難有調和作用。收養子女的制度也具有同樣的調和土地分配的功能（〔18〕）。自然這些制度只能部分緩和人口的壓力，並不能完全解決問題的癥結，所以這些群島上的土著另有他們一套節育避孕的辦法，這些我們將在家庭計劃一節中再討論。

有關於家庭形式影響生孩行為的問題，最有趣但也是最引起爭論的是關於多妻家庭會減低生育率的問題。Nag曾分析四十五個多妻民族的生育率高低，發現這兩個因素在統計上並無相關的現象，他們的研究列如表八（〔1〕p.198）

表八：多妻家庭與生育率關係表

		多妻比例		總數
		高	低	
生育水準	高	10	14	24
	低	8	13	21
總數		18	27	45

i=10, x=8, y=6, a-d=3, z1>12, N.S. at 5%

（四）社會結構與社會複雜度

社會結構、政治組織及社會複雜度（social complexity）與人口大小的關係一向為社會科學家所助益，早在 Spencer 和 Durkheim 的時代即已被提出討論。近代人類學家利用足夠樣本數的民族例子作泛文化的比較研究，對這一類問題提供較可靠的資料。Robert Carneiro 研究秘魯、墨西哥、米索不達米亞、尼羅河及印度河流域古文化發展的過程。認為人口增加所形成的壓力，是使居住於有限土地內的邦國易於發生戰爭，最後並導致社會發展成有階層的組織的主因。換而言之，Carneiro相信，人口增加所形成的壓力是使社會階層化所必需而足夠的原因。另一位人類學家Morton Fried 雖然同意 Carneiro 的意見，認為社會階層化的之間並不一定存有戰爭或奴隸制度等中介因素的看法。（〔3〕pp.234-243）。

人類學家亦興趣於人口密度與政治制度之間的關係，前此，著名的英國學者 Meyer Fortes 和 E. E. Evans-Pritchart 曾以六個非洲民族為例作比較研究，認為人口的多寡似與政治制度的複雜性無關，但是最近 Robert Stevenson 仍以前舉六個民族為例，採用異時限（deiachronic）的研究法，發現人口密度與政治制度的複雜性有明顯的相關（〔16〕），發展成為邦國的社會，多半有較密齡人口，存在於部落水準的民族，則人口較稀鬆。自然 Stevenson 並不是以為人口密度與政治制度複雜性是單線的相關，這兩變項之間經常受其他因素的影響，如生產方式、交易範圍和交易對象即是。

人類學家不但研究人口多寡與社會結構及政治制度的關係，同時更企圖分析人口多寡與整個社會複雜度的關係。Carneiro 曾以四十六個民族的例子為樣本，研究各民族二百零一個組織特質（organizational traits）與其人口大小間的關係，他發現其相關性極大。換而言之，具有組織特質較多，亦即社會複雜性較大的社會，大都具有較大的人口數，而社會複雜性較低的社會，則經常人口數較小。但是 Carneiro 認為社會組織的趨於複雜性並不完全是人口增加所引起的反應，同時複雜的社會組織也不是一個社會唯一調適其人口增長的方法（〔3〕）。

（五）生計方式（means of subsistence）

前文已說過在人類進化史上，每一次生計方式或生產方法的革命，就促使人口急劇的增加，因此有一派的學者很肯定認為人類種族的繁衍生殖與生計方式是緊密相關的，他們以不同的方式之下可容納人口的密度為例說明在狩獵和採集狀態下，每一百平方公里可容三個居民，在特化的採集情況（specialized food collection），每一百平方公里則可住十二．五人，但在初級農業時代，同樣的土地可容二千五百人，而進到前工業化時代則可達五千人。由於生產方法的變革，所以人類人口得以急增。但是另一派的學者則持相反的意見，例如經濟學者 Ester Boserup 即認為農業技術的變革是人口壓力的後果（〔2〕）她比較許多非機械化農業社會每一產出單位（Per unit of output）的勞力成本，而以為落後社會的農作改變是一種對逐漸增加的人口的適應。人類學家對 Boserup 的理論曾舉行一次討論會，討論的結果並印成 *Population Growth: Anthropological*

Implications（〔15〕）一書。在討論會中人類學家以各地方、各時代的材料來檢討 Boserup 的理論，結果並未完全同意但也未完全反對她的想法。因為泛文化的資料顯示生計方式的改進固可促進人口的增加，而人口的劇增也可促使生計方式的改變或創新。二者之間的關係經常是互為因果互相促進的。D. E. Dumond 研究歷史時期歐洲、中國和日本的人口發展情況，認為一個民族人口增加與否的因素可歸納為四項：（a）文化所約束的生殖力；（b）疾病的出現率；（c）和平與戰亂的情況；以及（d）生計方式或生產技術的水準。他認為這四個因素的交互作用是決定人口繁殖的主因，而生產技術只是提供人口增加的可能情境，但並不能決定人口的一定增加，所以一般把生計方式看作是人口增加的唯一或主要因素，無疑是自陷困境的想法。

五、家庭計劃與文化背景

家庭計劃是一個現代的名詞，用以說明一個社會為適當地調和其人口數目所採用的節制生育方法。其實每一個民族，不論是文明或原始，或多或少都有一套調和人口的辦法，尤其是在小島上居住的民族。節制生育和調適人口的方法更為明顯。前文曾說到太平洋玻利尼西亞和密克羅尼西亞兩群島的人，不但利用社會組織的形式來緩和人口的壓力，而且有各種不同的避孕和墮胎的方法來減低生育率，每年在新年慶祝儀式中，酋長都要告誡家長們要盡力執行各種可行的方法，以免人口太多而土地不夠分配。

每一個民族在長久的與自然調適過程中，都有其有意無意的限制人口量的方法，這就是人口學家所常說的人口密度依賴因素（density dependent factor）有些民族限制人口較緩和而巧妙，太平洋島民的方法屬之，但有些民族所採的方法較嚴酷，其中以古代琉球島人的方法最殘忍。古代琉球八重山群島的與那國島有兩種節制人口的傳說，一種稱為「人升田」，就是讓島上的人擠入一塊田地中。未能擠入或「溢出」的人都要被殺死。年輕力壯者當可擠入田中無疑，小孩則可因受了幾乎發狂的母愛的支持亦可擠入。所以遭難的自然是那些老人與弱者。若「人升田」尚無法抑制人口增加的時候，就採用另一種方法，就是讓孕婦踏「久部良割」——一處寬六、七尺，深三丈的岩縫，未能通過的就掉下去死在崖底！（〔19〕pp.25-26）。

上述琉球人限制人口的例子不論是真實或傳說，都是極端的例子，一般都採較緩和的辦法。其中以墮胎最為普遍。墮胎的風俗各民族都有之，但方式也各有不同，我們可以用臺灣南部漢化土著西拉雅族的例子先作說明。根據在十七世紀時來臺灣傳教的荷蘭教士 William Candidius 的記載，西拉雅族風俗在「結婚後數年內妻子是不許立即有小孩的。依該族的法律與習慣，一個女人必須到三十五、六、七歲才准許生小孩的。所以在此以前一旦懷了孕就必須打胎。打胎的方法是請一位女巫醫來執行，孕婦躺在床上或地板上，女巫醫在她肚上扭、打、搥、推，直到胎墮下來為止，這種情形遠比一般正常生產時更痛苦。他們曾坦白地說，有些人曾懷過十五、六次胎，每次都被打掉了。有一個女人說，她懷了十七次胎後，現在才准許她的小孩順利出生下來」。

對於墮胎的泛文化研究應該推 Carr-Saunders 較早期的著作和 George Devereux 較近的分析。Devereux 以四百個民族為樣本作研究，發現幾乎所有的樣本民族都有墮胎的類例，但是也幾乎每一個樣本民族都有不同程度制裁墮胎的辦法，換而言之，墮胎雖是普遍的行為，但各民族中對它容忍和防止的程度則因文化而大有異趣（〔7〕）。Carr-Saunders 的研究對人口學家而言較有興趣，因為他認為墮胎是使很多民族，特別是非工業化民族有低生育率的主要因素。Nag 在前述研究中，曾就四十一個民族的墮胎頻率和生育率作分析。發現二者之間並無重要的相關，他的分析資料列如表九（〔11〕p.222）。

表九：墮胎頻率為生育率相關性分析

生育率	墮胎 高	墮胎 低	總數
高	6	18	24
低	5	12	17
總數	11	30	41

i=5, x=6, y=6,a-d=13 z_1>28, N.S. at 5%

現代家庭計劃的推行，著重於各種避孕方法的實施。在現代化避孕方法大規模施行之前，許多非西方民族也有他們自己的避孕方法，這些避孕方法有些也與現代化方法相同，但各自與其文化背景相關聯，因此在某些民族中，若干特殊避孕方法較易於推行，若干方法不但不易於實施，而且會引起許多不良的後果。

現代避孕方法一般分為兩大類別，一類為性交時應用者（Coitus-Connected），另一類為與性交無關者（Coitus-independent），前一類包括用保險套、用凍膏以及性交中止法等；後一類包括口服藥、子宮內避孕法（IUD）、結紮手術和墮孕等。根據 Polgar 的研究，以全人類社會而言，後者較之前者的採用為普遍，但是這也是較晚近的事，而且這種概括的說明也屬過於籠統，對於一個民族來說，與其用這樣大的類別說明，仍應以單獨的避孕法來考慮更有意義（〔14〕208-209）。人類學家常常用印度和波多黎各人行人工不育技術的例子來說明：一般都知道印度較易於行男人的結紮手術，但是波多黎各人則較易於施行女性結紮手術。人類學家大致認為印度男人以為保持精力是表現男性身體和精神強壯的最好方法，而身心強壯又是印度人重要價值觀念所在，因此印度男人願意行人工不育手術，以保持其強壯身體。波多黎各人一向有男性自我欣賞的趨向，而認為不育是對自尊的一種損害，因此波多黎各的男人都不願行結紮手術，所以只有由婦女去施行手術了。這樣的解釋固然很有說服力，但是仍然需要更多泛文化的比較資料來支持，才能更明確地瞭解不同文化背景對避孕方法所採取的態度。

在太平洋波利尼西亞和美拉尼西亞交界的 Tikopia 島。人類學家 Raymond Firth 曾對他們的節育有詳細的報告。根據 Firth 的研究，Tikopia 有意地推行各種避孕方法以調節人口在這小島上的均衡。Tikopia 人最常用的避孕方法是性交中止法（Coitus interruptus），不但是未婚的人用這種方法，而且已婚的人也用之，他們的酋長在每年一定時間要告誡家長行性交中止法以避免多生小孩。Tikopia人除去用性交中止法以避孕外，他們也用溺嬰的方法以減少小孩的數字，此外遠海航行和打仗所產生死亡的後果，以及不婚的情形也都是減輕人口壓力的方法。性交中止法也是很多落後民族所常用的避孕方法，但是也有不少民族不喜歡它。很多民族寧可採用性交後清洗使精子不致進入子宮而不喜用中止法，很多非洲黑人民族就如此。有不少落後民族也用各種不同的「草藥」作為避孕之用。北美洲的那瓦荷印地安人，用三種草藥作避免受胎之用，這三種藥一種是 Bahia diesecta，另外兩種是屬於 Eriogonum jamesii 科者（〔11〕p.129）。

對各民族避孕方法作泛文化比較研究的應首推 Moni Nag。他分析四十七個民族避孕率高低與生育率的關係，如表十所示，發現兩者之間並無重要的負相關，換而言之，在避孕法常見的社會中並不一定出現低的生育率。根據 Nag 的說法，這是因為許多民族行避孕並不一定如現代家庭計劃者所強調的以節育為目的，而是有其他的原因。例如非洲的 Lesu 族女人行避孕是因為如下三因素：（1）懼怕生產時的疼痛。（2）恐怕懷孕和分娩時妨礙跳舞和儀式。（3）不願因懷孕而影響夫婦性行為。在若干特殊民族中，他們甚至不相信性交是使懷孕的必需過程。例如著名的英國功能派人類學家 B. Malinowski所研究的美拉尼西亞群島的 Trobriand 島人即具有這種想法；還有許多民族雖然相信性交是懷孕必需的手段，但他們仍相信超自然的因素可以影響其後果，有時且認為超自然具有更重要的決定因素（〔11〕pp.129-31）。

表十：避孕與生育率的關係

		避孕率 高	避孕率 低	總數
生育水準	高	2	27	29
	低	3	15	18
總數		5	42	47

i=3, x=2, y=13, a-d=24 $Z_1>35$, N.S. at 5%

從上述的這些例子看，人類生育行為中避孕的目的與手段之間的關係實在很複雜，各民族的情況有很大的差別。從一個現代推行家庭計劃的立場來說，我們對目的與手段之間的關係實應群加探討，才能使計劃能有效地推行。在異文化甚至不同次文化的情境下，假如只著重於各種避孕技術的推行，而忽略了接受避孕方法與節育之間的基本看法，那麼預期的結果就很難於有效地達成了。

【重要參考書目】

（1）Birdsell, J. B., Some Population Problems invoving Pleistocene Man, *In*: Population Studies, Animal Ecology and Demography. Cold Spring Harbor Symposia on Quantitative Biology, 22: 47 - 69. 1957.

（2）Boserup, E., *The Conditions of Agricultural Growth: The Economics of Agrarian Change Under Population Pressure*, Chicago, 1965.

（3）Carneiro, R. L., On the Relationship between Size of Population and Complexity of *Social Organization. Southwestern Journal of Anthropology*, 23:234-243, 1967.

（4）Carr-Saunders, A. M.,*The Population Problem*. Oxford: Clarendon Press, 1922.

（5）Davis, K. & J. Blake, Social Structure and Fertility: An Analystic Framework. *Economic Development and Social Change*, 4: 211–235, 1956.

（6）Deeveny, E. S, The Human Population, *Scientific American*, 203: 195–204,1960.

（7）Deveruex, G., *A Study of Abortion in Primitive Societies*, New York: Julian Press, 1955.

（8）Ford, C., A Comparative Study of Human Reproduction, Yale Publication in Anthropology, No.32, 1964.

（9）Lorimer, F., *Culture and Human Fertility*, Paris:UNESCO

（10）Lee, R. B, Kung Bushman Subsistence: An imput-output Analyss, *In*: Vayda, A. P. （ed.） Environment and Cultural Behavior, 1966. New York: The Natural History Press.

（11）Nag, Moni, *Factors Affecting Human Fertility in Nonindustrial Societies: A Cross-Culture Study,* New Haven: HRAF,1962,

（12）Nag, Moni, Population Anthropology: Problems and Perspectives, *In*: Fried, M （ed.） Explorations in Anthropology, 1973, New York: Crowell.

（13）Polgar, S., *Culture and Population*, 1971. Cambridge: Schenkpman.

（14）Polgar. S. et al. Anthropology and Population Problems. Special issue on Population, *Current Anthropology* （A World Journal of the Science of Man）, April, 1972.

（15）Spooner, B., *Population Growth: Anthropo1ogical Implications* 1972, Cambridge: M. I. T. Press.

（16）Stevenson, R. *Population and Political System in Tropical Africa*, New York: Columbia Univ. Press, 1969.

（17）Swartz, M. J Some Cultural Influence on Family Size in three Societies, *Anthr opological Quarterly* 1969, 42: 73　88.

（18）Vayda, A. P. & R. A. Rappaport, Island Cultures, *In*: F, R. Fosberg （ed.） Man' s Place in the Island Ecosystem,A Symposium, Honolulu: Bishop Museum Press, 1963.

（19）王崧興（Wang）：人類早期的人口。思與言雜誌，第三卷，第二期，民國五十三年。

（20）Wolf, Arthur, Childhood Association, Sexual Attraction and the Incest Taboo: A Chinese Case. *American Anthropologist*, 68: 883–898, 1966.

拾、人類學與史學

主席，諸位女士、諸位先生，今天我所要談的可以分成三個項目：首先我要談我國人類學與歷史學關係史的演變；第二，是人類學的方法與史學的研究；第三，要談人類學的理論與史學的研究。

現在先談人類學與歷史學的關係。民國十七年中央研究院成立歷史語言研究所，就在那個時候，歷史語言研究所所長，也是臺灣大學的故校長傅斯年先生建議在歷史語言研究所設立考古組，可以說從那個時候開始，現代科學人類學的觀念被帶進中國學術研究的範圍來。民國十七年除了在歷史語言研究辦有考古組之外，在社會科學研究所有民族學組，其後到民國廿三年民族學組也歸劃進史語所，故當時史語所除開歷史語言之外尚有考古組、民族組。在那個時代傅先生的看法是希望借用考古學的發現來提供歷史研究的第一手資料。換而言之，考古學只是提供歷史學家一些比較可靠的科學材料。而民族學在那個時代的研究也只是希望從一些邊疆民族的研究中，提供一些特別風俗習慣、特別的社會制度的說明給史學家來解釋中國歷史。例如李宗侗先生就是利用一些邊疆民族材料，來解釋中國歷史、或是中國古代社會的一些困難的問題。由此可見，在那個時代，人類學家與史學的關係實際上是一種主從的關係，只提供 raw materials 的關係，人類學家大半是史學的附庸，只提供材料，而人類學家甚至於沒有建立一個學問的體系，或者有他自己對人類文化的看法。這種關係維持相當長的時間沒有改變，一直到民國三十九年中研院遷臺，臺灣大學創立考古人類學系後，這種關係才慢慢的改變過來。尤其在最近十年來，因為人類學本身的研究在理論上和目標上的改變，人類學與史學的關係才慢慢轉變成為一種姐妹科學關係，而不再是主從關係。在此時，人類學才有它自己的一套理論與目標，才成為可以獨自發展的科學，而不再是供給材料與史學的附庸科學。我個人相信這種關係才是正常科學的關係，我相信諸位史學界的朋友們也高興看到這兩個學科能從主從關係逐漸轉變為正常地姐妹關係。我相信也只有發展到了這個地步，今天才能容許我以一個學人類學的人來提供諸位學史學的人一些意見。像剛剛主席所講的，今天只是希望學社會科學的人對學史學的人提供一些意見以供參考，所以我要說的也僅限定於人類學能對史學家提供些什麼意見，但是我覺得這種 one way communication 實在有點不公平，因為史學家也可以對學社會科學，特別是對人類學提供很多意見的，所以我希望也許「思與言」雜誌社或「食貨」月刊社將來再舉行一次討論會，專門由史學家來向社會科學家們提供意見。

第二部分我要談的是人類學研究方法與史學研究的關係；對其他講究方法的社會科學家來說，實際上這兩個科學在方法論上是「難兄難弟」，都是最不講究用嚴格量化方法來表達的科學。但是無論如何人類學與史學在方法上仍有其差別之處，在這裏自然不容許我仔細地說明這些差別，我只是要提出人類學研究的兩個基本特點，以供史學家們參考。但是在談方法論問題之前我要先說明兩個基本觀念：我們學人類學的人，經常用一組相對的名詞，就是：idiographic 與 nomothetic，idiographic 也許可翻譯為個案的，nomothetic 則可相對地譯為通則的。一般來說史學家都被認為是重於個案或特例的，而社會科學家則是追求通則的，但是我覺得並不盡如此，有許多史學家也興趣於通則的追求的，而今天在座的諸位史學界朋友，必然也都興趣於通則的研究，否則就不會來參加這個座談會了。

在基本方法上面，人類學最大的特點是作「跨越文化」的比較研究，也就是把世界上不同的文化看成是相等的單位，希望在所有不同的文化的比較當中，理出一個更大的通則。這種稱為 Cross-cultural comparison method 的研究，從前把它譯為「泛文化的比較方法」，我們最近則定名為「文化比較方法」。那麼這種文化的比較方法有什麼特色呢？簡單而言它的好處有下面兩點：

（1）是避免被單一文化狹窄的範圍所囿限；

（2）是儘可能的去發現更多人類文化的幅度（range）或人類行為的幅度。

這種特色可以用一個著名的例子來說明：有名的心理學家 Robert Sears 在一九五〇年前後曾經在美國的 Kansas City 研究在這個城裏的兒童教養與人格關係的例子。他研究兒童斷奶的時間與長成或兒童後期的情緒上引起困擾與不安的關係。他發現凡是越後期斷奶的，引起兒童情緒上不安的情形越大（參看插圖實線部分）。對人類學家而言這個例子的研究是不能滿足的；因為它只代表一個民族的事例。所以後來的人類學家，像 John Whiting 就把這個假設證之於不同文化情況。他們發現以這個兒童教養方法與人格關係例子用許多不同民族作比較時，這種情形變了，他發現在泛文化的比較下，兩變項的關係恰好相反，換而言之，在他研究的七十五個民族中比較所得的結果是斷奶時間越延後（參看 Methods and Problems in Cross-cultural Research 一文）則引起情緒不安的情況越低（參看插圖虛線部分）。這就說明以一個民族的例子來概化人類行為的困難，以及以 Cross-cultural 方法的研究人類的行為的重要性。諸位大半是史學家，大

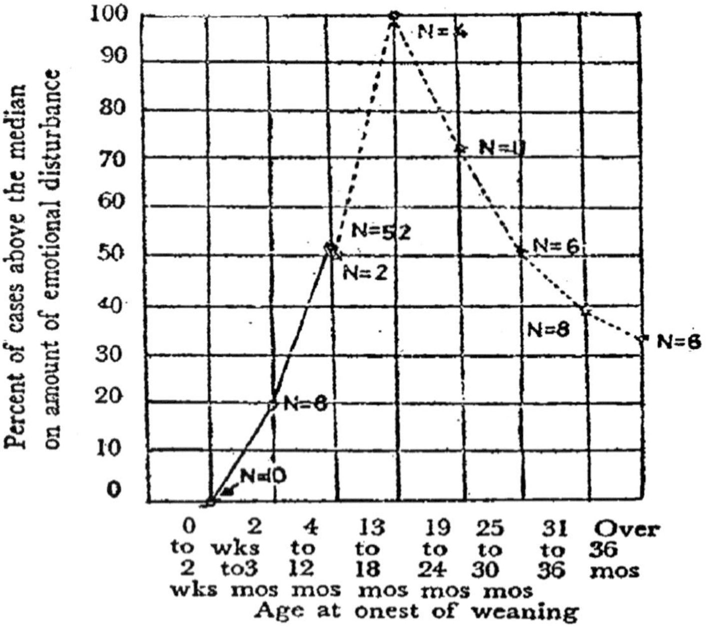

半以研究一個民族一個文化為中心，雖然也有些史學家以全世界民族的文化做為例子來研究的，但是，在做研究中對於這一類關係的表達，的確是比較忽略。而人類學家在這方面的研究是有其獨特之處，這也許是可以提供諸位參考的地方，因為一個研究在作理論的判斷，以一個民族為例來做判斷時是與全世界的民族為例時是頗有差別的。當然這要看你只是要了解一個民族或者要了解全人類的文化，假如你的目的是要了解全人類的文化時，那麼 Cultural 的研究的確是一種重要而有效的方法。

人類學在基本的方法上面，還有一點與其他社會科學不同的地方，是人類學很著重於分別所謂 emic-etic 的研究。emic-etic 這一組相對的觀念是借自語言學的名詞；emic 是自 phone mic 一字而來，etic 是自 phonetic 而來。所謂 emic 是指從被研究者的立場出發的研究方法，etic 則是指從研究者的立場出發的研究方法，前者可以說是避去研究者的文化囿限的研究法，而能站在被研究者文化的觀點上來瞭解某文化，這種觀點也許對史學家有所幫助，特別是西方的史學家，喜歡用西方文化的觀點來解釋別人的歷史，就易於陷入「自我文化中心」的偏見之中了。

第三部分要談的是人類學理論與史學的關係，在這裏我準備提的包括進化理論，文化與人格理論，鄉民社會研究，文化變遷理論，政治及經濟人類學理論，但要看時間的允許與否，也許只能提到其中的一部分。人類學理論的基礎是進化論，當然人類學進化論的發展是經過一百多年而到現在的，我相信大部分的史學家也有同感，從早期的發展這兩個學科是並肩在一起的。到了最近才分歧開來。我覺得人類學與史學的進化論主要不同點是人類學的進化論不是純粹的文化進化論，人類學進化論的基礎不單單是社會的進化論，而是有相當生物基礎的進化論，而是與現代遺傳學的進化論並行在一起的。所以人類學的進化論本身就是隨著現代生物學理論而進展，並不是一種停留在 Herbert Spencer 時代的進化論。大家都很清楚從 Lewis Morgan 創議 Savage、Barbarian 到 Civilization 的三階段的文化進化歷程之後，這種被稱為單線進化（unilineal evolution）思想在人類學界及其他社會科學中甚為盛行，一直要到二十世紀的初年受到美國歷史學派人類學家的反駁，單線的進化論理論才逐漸失去其說服力，而被所謂多線進化論（multi-lineal evolution）所代替。所謂多線進化論是認為人類文化進化雖都是從簡單到複雜的路上走，但是不同的民族因各種因素的差異，所走的路線絕不會像 Morgan 所說的那樣從一定的階段到另一階段，而是各有其進化的模式的。最近這幾年來，因為人類學的接受新生物學的進化觀念，同時接受更有效的社會科學的統計技巧，對進化的理論又進入綜合單線進化與多線進化的觀點而成較新的理論，這一新理論我想對於史學家研究文化史有相當大的用處，所以特別在此做一個介紹。

最近的有一些人類學家如 Robert Carneiro 等人用前述 cross-cultural 的比較方法來研究許多「樣本民族」（sample cultures）所具的文化特質（cultural traits）關係的時候，發現在相同進化程度的民族經常具有一些相同的文化特質，換而言之，某一些文化特質經常出現於同一進化程度的民族之中，所以他們認為人類文化的進展雖各有不同模式，但在進化的過程中卻有一定的方向。在Carneiro近著Scale Analysis, Evolutionary Sequences, and the Rating of Culture一文中他選擇了一百個民族為樣本，並讓擇三百五十四個文化特質作分析，在這三五四個特質中包括生計方面（subsistence）二十七個，在經濟方面的特質有四十個，在社會方面的特質有十九個，在政治方面的特質有五十一個，在法律方面的特質有二十個，有關戰爭方面的特質有三十一個，而在宗教方面的特質有二十二個。這些特質的材料是利用人類關係區域檔案（Human Relation Area Files）為基礎把它用統計學方法加以分析，經過處理後他們發現可以把這些特質在各民族出現的情況排成一個Guttman scale。而從這個scale中我們可以發現最簡單的民族它所具的特質最少，文化較複雜的民族，它所具有的特質較多，而某一些特質只見於複雜的文化之中，它所構成的累增關係甚有規律，由此可以看出文化的進化是朝著一定的方向而行的。但是在這種相同方向的進化行列中，即使是相當程度的民族，也有他自己的一套發展的格調（style）。它這種同一方向而格調不同的進化就是這一新進化理論的主題。為了說明這一主題，我們可用婆羅洲的Kayan和美洲的Acoma文化為例說明兩者在進化程度上極為相似，但在特質的分佈上卻各有其特點。下面列表比較這兩個民族所具不同方面特質數：

	Kayan	Acoma
Subsistence	7	12
Economic	9	4
Social	6	2
Political	7	11
Law	6	6
Warfare	7	3
Religion	6	13
共計	48	51

Acoma 族表現在宗族和政治組織的特質上較為突出，可以看出是重儀式和組織的文化，而Kayan則各種特質分配很平均，是一個均衡發展的社會，但二者總特質數卻又很相近，這種不同的格調，可以從下圖的情形看得很清楚。諸位史學家不但興趣於全人類文明往前走的方向，同時也興趣於某一民族文化發展的格調情形，因此這一類進化理論的具體分析方法很值得諸位參考。

另一點與文化進化有關的問題是關於文明（civilization）的意義，諸位對於文明的研究比人類學家更有興趣，對文明的定義諸位也應該比我們更清楚，更了解，但人類學對於文明的定義也有一套特別的想法，我想值得在此向諸位作一介紹。在一九六二年，Wenner-Gren Foundation 召集一個會議，在奧國附近開會，討論人類文化演進而形成文明的過程，這個會的結果在一九六三年出了一本有名的書，由芝加哥大學的 Robert Braidwood 與哈佛的 Gordon Wiley 合編，定名為

Courses Toward Urban Life。在本書的最後對於文明的定義有所說明，綜合起來大致有如下數點：

1.有城市的出現、2.有領土的國家或政府的存在、3.有一個集中控制和累積的共生經濟（symbiotic economy）、4.有相當程度的科學系統的發展，包括曆法算學與文字、5.是有相當可觀公共建築。這樣的定義很明顯與前此僅以是否有文字的設計作為文明的標準頗有不同，諸位都是興趣於研究文明的人，自然對這個定義也會很感興趣，所以特別提出來與諸位討論。

其次要談的是有關人類學對於鄉民社會的研究。鄉民社會（peasnt society）的研究始於芝加哥大學著名的學者Robert Redfield，這幾年來已成為人類學領域中很重要的課題，人類學家研究鄉民社會的價值觀念、人際關係、經濟結構，以及鄉民與外界人，包括城市人、統治階層的

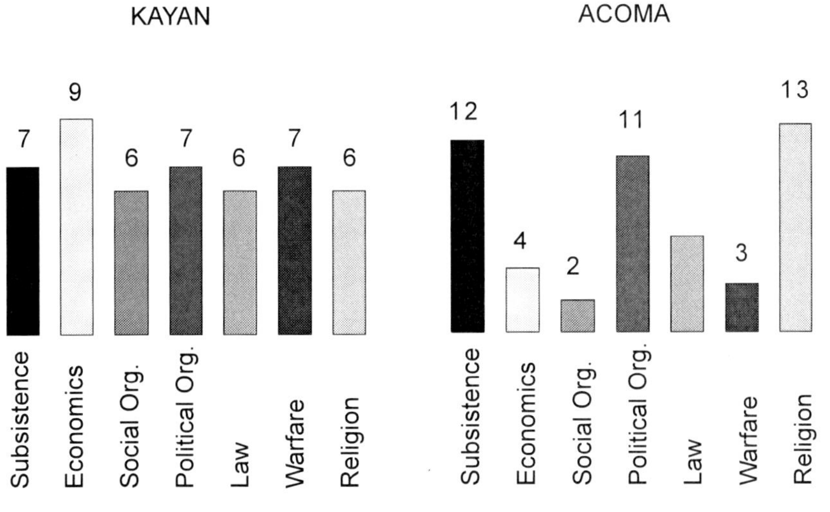

關係，同時也著重於鄉民社會如何演變成為一個文明的社會，對這種過程有非常精彩的描寫與分析，這一類研究與諸位研究歷史社會過程的發展應該很有幫助的，因為大部分歷史上的社會都與目前所說的鄉民社會屬於同一範疇。前任臺大歷史系主任許倬雲先生，目前任教於匹茨堡大學歷史系與社會系，他現在就組織了一個科際的鄉民社會研究會，並出有通訊，綜合史學、人類學、社會學、與經濟學的意見，以比較研究歷史上與現代鄉民社會，他自己研究我國漢代的農業以及鄉民生活，也頗多融合人類學鄉民社會的理論於其中。

再其次我所要談的人類學理論是關於「文化與人格」（culture and personality）的理論。所謂「文化與人格理論」主要的是分析每一個社會每一個文化的人格特徵，並以之為中心來了解這樣的人格特徵對於這個民族文化，對於這個民族的制度，對於這個民族的思想方式有些什麼影響。同時從另外一面是要問，這樣的人格是怎樣形成的，這樣的人格與這個民族的兒童教養方式，這個民族的社會化（socialization）方式，有什麼關係。這個研究已有三、四十年的歷史，有關的理論也相當多，自然不容許我詳細一一說明。我今天所要提出來的只是一項較新的研究，我覺得這項研究可以當作「文化與人格」研究的例子，同時也頗可作為諸位研究時參考。最近有一位學者叫 E. W. Russell，他寫了一篇文章 Factors of Human Aggression: a cross-cultural factor analysis of characteristics related to warfare and crime，發表於 Behavioral Science Notes 的一九七二年份第四期。他的研究是要瞭解好戰的文化和心理背景，而企圖分析人類社會侵略性的基本因素，這類的研究與史學家的興趣很有關，因為人類的歷史在若干史學家看來是一部戰爭史。Russell 的研究也是利用 cross-cultural 的比較方法，採用四百個民族為樣本，並以七十八個文化與心理特質作因素分析（factor analysis），他發現有六組與戰爭有密切關係的因素，這六組因素是：戰爭次數、好爭鬥（bellicosity）、犯罪率高、成就動機（achievement motivation）與企業心（entrepreneurial）被看重、嚴格嬰兒管教和婚前性行為嚴格限制和處罰。Russell 的結論是一個民族之是否好戰，雖然也有政治、制度、經濟的因素，但是最基本的仍是心理的因素，一個民族的憂慮（anxiety）和敵意程度（level of hostility）若很高，則易於引起仇外及戰爭，而心理的憂慮和敵意，則與兒童所受的教養嚴格與否有密切的關聯，趨向於自由放任的教養方式，就不會形成憂慮和敵視心理。

像這類的研究，應該對於諸位研究歷史可以提供參考的，史學家比較喜歡用政治的問題，制度的問題，環境或經濟的問題來說兩個民族間戰爭的關係，照 Russell 的研究如以兒童教養來尋求戰爭的關係將比用制度的方法來尋求將更有用處。當然這類的研究是非常初步的，但對於諸位研究史學的朋友未嘗不是可以擴大若干看法的例子。

因為時間的關係我就講到這裏，本來我準備文化變遷的理論與史學研究的關係，政治人類學的理論、經濟人類學的理論與結構人類學理論等怎樣對史學研究可提供參考之處，但不能不暫時割愛了。謝謝諸位。

——原載「思與言」雙月刊，第十二卷第四期，民國六十三年十一月

拾壹、人類學系列序言

一

人類學（anthropology）在西洋科學體系中是一門較晚發展的科學。有「人類學之父」之稱的英國學者愛德華・泰勒（Edward B. Tylor）出版他的古典名著「原始文化」（Primitive Culture）的年代是在一八七一年，但是他在牛津大學建立全世界最早的人類學講座都要遲至一八九六年。在美國，第一位獲得人類學博士學位的是哈佛大學的羅蘭・德遜（Rolland Dixon），年代則已進入廿世紀，那是一九〇〇年。這年代比起其他自然及生物科學來，無疑是晚了很多，即使比起行為科學中的其他二門核心科學：心理學與社會學，也要稍晚幾十年。可是由於人類學研究的範圍牽涉廣闊，所以發展卻也至為快速。人類學以研究「人」為目的，其研究的範圍包括人本身及其創造的文化。人類學研究的人包括遠古的人及現代的人；人類學研究的文化，包括遠古的文化及現代的文化，也包括「原始人」的文化及「文明人」的文化、自己的文化以及他人的文化。由於人類學的這種直接與人有關的研究，以及由於第二次世界大戰之後國際關係的日趨密切，對別國民族國家文化的瞭解也日益需要，所以在歐美的大學裏，以至於一般社會裏，人類學的研究及人類學知識的傳播都極為普遍。以美國的情形而言，幾乎全美各主要大學均設有人類學系，其數字在一九七五年已超過二百五十個系科。而人類學在知識的運用與傳播上，其情況亦極為普遍，不但在政府的行政、外交、對外開發機構上有許多人類學家參與其事，而且衛生、教育、精神健康、少年養護以至於工業關係機構上都聘請人類學家為顧問，甚至主持其事。在一般人類學知識傳播上，特別是關於種族平等觀念、文化相對觀等基本人類學知識也已逐步編進中等學校的教材之中，甚至在初級學校的功課，這些對人類不同種族社會相處的基本觀念，也已開始灌輸。

美國人類學之所以普遍於高等學術機構，同時也及於一般社會，其重要的原因之一是由於人類學書籍的普及。根據估計，近年來每年出版的有關人類學各類書籍均在一千種以上，這個數字不能不說相當大了。當然書籍的出版與教學研究量互為因果、互相促進的，教學與研究機構的增加，書籍的出版自然也隨之而增加，但是書籍的出版問世，尤其是通俗或一般性書籍的出版，卻是真正能把知識推廣到全社會，而促進社會上對科學知識本身的認識。也只有這樣，科學才真正能生根，而不僅僅是象牙塔或溫室裡的花朵而已。

二

在我國，人類學的傳進為期至晚，而且一直極被忽視。在為期八十年的大學發展史上，只有到民國三十八年（西元一九四九年）才有第一個真正的人類學系成立——國立臺灣大學考古人類學系。而從三十八年到現在的三十四年間，在別的國家正是人類學教學與研究最蓬勃的時代，而在國內卻未見有任何新的人類學系出現。僅僅在國立政治大學有民族社會學系的成立，這只佔一個系的一半，並且只著重於民族學（文化人類學）的教學，而不是以人類學的全學門（包括體質人類學與考古學）為對象的。「而且這半個系在去年（民國七十年）也被取消了」。所以這種情形與歐美各國比較起來，是顯得很不相稱的。

人類學在我國之所以這樣不普遍發展，我們自己從事人類學研究的工作者實應負主要的責任。我們的人類學研究者和教學者大部分時間都著重於專門研究報告的撰寫，各種田野報告和研究論文發表的數目實在不算少，可是忽略了一般教科書和通俗書籍的重要性。專門研究報告自然有其極重要的意義，卻不能為一般人或初學者所讀得懂，假如沒有教科書或一般書籍的普遍刊行，我們怎能冀望人類學的普遍推廣呢？

根據統計，在民國三十八年臺大成立考古人類學系之前，在我國出版界裏尚有十來種有關一般人類學的著作或譯本刊行。這些包括如下各種：林琴南、魏易合譯（M. Haberlandt 原著）：《民種學》（一九〇三）、陳映璜著：《人類學》（一九一八）、顧壽白：《人類學大意》（一九二四）、宮廷璋編譯：《人類與文化進步史》（一九二六）、張鼎銘譯（R. R. Marett 原著）：《人類學小引》（一九三〇）、呂叔湘譯（R. R. Marett 原著）：《人類學》（一九三一）、張我軍譯（西村真次原著）：《人類學汎論》（一九三一）、吳景崧譯（W.

Wissler原著）：《現代人類學》（一九三二）、張粟原著：《人類學大意》（一九三二）、劉敏著：《人類學體系》（一九三二）、張粟原著：《現代人類學》（一九三四）、林惠祥著：《文化人類學》（一九三四）、鍾兆麟譯（C. Wissler 原著）：《社會人類學概論》（一九三五）、費孝通譯（R. Firth 原著）：《人文類型》（一九四四）、費孝通譯（B. Malinowski 原著）：《文化論》（一九四四）、楊成志譯（Franz Boas 原著）：《人類學與現代生活》（一九四五）等。

但是很奇怪的，在民國三十八年（一九四九）臺大成立考古人類學系之後，人類學的教科書及較通俗的著作反而絕少見到，從民國三十八年至六十三年的二十五年間，可見到的譯本人類學書籍僅有王禹九譯（R. Linton 原著）：《文化之樹》（一九五八）及王淑端譯：《社會人類學緒論》（一九六七，按該書即上列費孝通譯 Firth 原著之 *Human Types: An Introduction to Social Anthropology*）兩種，而較通俗的作品也只有我自己的《文化與行為》（一九六六，商務）一種，至於人類學的教科書則完全闕如。這種沉寂的狀況一直要到民國六十三年以後才稍有改善。從民國六十三年（一九七四）起到現在，就我個人所知人類學的通俗著作以及教科書，包括著述與翻譯兩類在內，大概有十四本之多。在通俗著作方面有李亦園：《人類學與現代社會》（一九七五）、黃道琳譯（R. Benedict原著）《文化模式》（一九七六）、黃聲雄譯（E. T. Hall 原著）：《無聲的語言》（一九七六）、黃道琳譯（R. Benedict原著）：

《菊花與劍》（一九七七）、宋和譯（林耀華原著）：《金翅》（一九七七）、張瑞德譯（許烺光原著）：《文化人類學新論》（一九七九）、以及黃應貴、鄭美能譯（E. Hatch原著）：《人與文化的理論》（一九八一）等；在教科書方面，則有李亦園編：《文化人類學選讀》（一九七四、一九七七、一九八〇）、宋光宇編著：《人類學導論》（一九七七）、宋文薰、連照美譯：《人類進化小史》（一九七九）、石磊譯（R. Fox 原著）：《親屬與婚姻》（一九七九）、瞿海源、許木柱譯（V. Barnouw原著）：《心理人類學》（一九七九）、徐正光譯、（G. Balandier原著）：《政治人類學》（一九七九）、張恭啟、于嘉雲譯（R. Keesing原著）：《當代文化人類學》（一九八一）等。在絕對數量上這也許與戰前的出版差不多，但是如以今日國外人類學出版書籍的情況，以及以當前出版界的種種條件而言，這十幾本書在相對的數量上說，仍是至為微弱的。

三

教科書與一般通俗書的出版，在對於知識的傳播雖然有其相當程度的功用，但是在另一方面也有其限制，特別是在闡明學說思潮與理論源流上，一般教科書都較不能作有系統而深入的分析，這對於一門科學的來龍去脈以及當前發展的趨向是較不易顧及的。

人類學理論思潮的拓展雖較其他社會科學為晚，其源流卻也錯綜複雜，對於這一源流的清楚瞭解，不但有助於對人類學內容、特性及其將來發展的探視，也將對現代社會科學思潮的整體性探索有很大的裨益。就如前文所說的，近代人類學的思潮軔始於英國的 Edward Tylor，其時已屬十九世紀的後半了。當然一門學科的成立也不是那樣突然而有的。在歐洲，十五世紀以後地理上的大發現，提供後來學者許多各地不同民族奇風異俗的資料，由於有了這些基本民族誌的素材，人類學開始奠下基礎。十七世紀以後，歐洲學術思潮澎湃，更為人類學的出現提供媒觸。啟蒙時期的學者所發展的進化論觀念，到了十九世紀成為人類學的理論的重心。但是對人類生物進化與文化進化兩方面有綜合性的認識，則要到十九世紀以後才有，在此以前不僅缺乏客觀性的科學資料，而且神學思想的阻礙仍有待克服。

Tylor 對人類學的開創之功，一方面在於能擺脫中古神學的束縛，認為文化是人類自然發展的結果，而非超自然的成就；因為是自然的結果，所以其發展也依照自然的規則而行。另一方面他在研究方法上也開始了人類學客觀資料採集的風氣，他自己曾到墨西哥各地進行實地研究，可以說軔始了人類學的田野工作之傳統。在基本理論上，泰勒最大的貢獻可以說是對「文化」概念的作基礎性的開拓，而文化（culture）卻成為現代人類學學科存在的關鍵概念（key concept）。在對客觀資料的分析研究上，也可以說開啟了後來的比較研究之傳統，現代人類學方法上的策略特性就是各種不同程度比較研究。但是泰勒的思想源流卻是徹頭徹尾的進化論者，這是在十九世紀後半以研究自然為職志的學者所不能免的事。

泰勒在他的名著《原始文化》兩卷書中，其後一卷主要的是著重於對人類宗教現象的探討，這裏他提供出有名的泛靈信仰（animism）的觀念，並認為它是人類超自然信仰最早的形態。但是，從泛靈信仰觀念出發，Tylor 在對人類宗教信仰發展的看法，就明顯地出現了單線進化的觀點了。認為從泛靈信仰開始，隨著人類社會的進步，信仰的形式也隨著逐漸繁複，因而有鬼神崇拜，從鬼神崇拜再演變為多神教（polytheism），多神教之後才出現了一神教（monotheism），而一神教卻是西方基督教文明獨有的東西，因此我們可以看到他的思想不但是徹底的進化論者，且明顯具有民族中心主義的論調。

進化主義的論調在英國流行的當時，美國的學術圈也照樣受到影響。Tylor在美國的對應者是摩根（Henry Lewis Morgan）。Morgan 一向以他較後的著作《古代社會》（*Ancient Society*, 1877）一書而聞名於世，但是他對於現代人類學最有貢獻的卻是與 Tylor 的《原始文化》同年出版的《人類家庭的血親與姻親系統》（*The Systems of Consanguinity and Affinity of Human Family*）一書，這確是劃時代的巨著，由此而奠定現代親屬研究的初基。Morgan的進化論思想，表現在《古代社會》最為明顯，他的野蠻、矇昧、文明的三段單線進化階段，曾引起很大的學術上爭辯。

Tylor 在英國的後繼者是傅雷哲（James Frazer）。傅雷哲以他的巨著《金枝篇》（*The Golden Bough*）以及對巫術、超自然世界的廣泛研究而著名，他認為巫術是人類超自然行為最早的形式，而隨文明的進化，其後才有宗教，而至於科學的出現。這很明顯是進化階段的另一種版本。但進化思想到了傳雷哲已經是最後的代表了。

進化論的聲調到了廿世紀的初年開始受到反擊，首先提出反擊者是來自歐洲大陸本身的傳播論學派（Diffusionism）。傳播論者認為人類的文化僅起源於若干中心，而世界各地的文化都是由此少數中心傳播去的，因此不能說各地的文化是循同樣階段而進展的。傳播論的人類學是以Wilheim Schmidt 神父等代表，一向被稱為「維也納學派」或「文化圈學派（Kulturkriese）」。

但是進化論最致命的反駁者是來自鮑亞士（Franz Boas）所領導的美國文化史學派的人類學家。Boas 一派的學者把人類學歷史看作是一株「文化之樹」（tree of culture），有著錯綜複雜的枝葉，互相聯貫並時而產生新的分叉；每一分支代表一個獨特而不同的文化叢體，要瞭解這叢體只有從其本身特有的歷史去探究，而非比較其他同一階段的民族所能獲得。Boas 經常告訴他的學生，在建立理論之前應先有事實，要有事實，最主要的方法就是進行個別民族的詳細民族誌工作。由於這一主張，Boas 本人就做了很多北美洲印地安人的民族誌研究，而他的學生，如克魯伯（Alfred Kroeber）、羅維（Robert Lowie）等著名學者，也都遵循這一原則，深入研究印地安人的文化與社會。

Boas 的著重於個別民族的深入細緻調查，使他不但對進化論持反對的態度，而且對一般性原理的探尋也感到懷疑。同時由於他的這種對一般通則（nomethetic）的懷疑，遂使他逐漸趨向於興趣個案（idiographic）的研究，因此在他晚年就變成了很著重對個人在文化社會脈絡中所居地位的探討。由於他的這種觀點，後來遂開創了文化與人格（culture-and-personality）學派在美國盛行之道。這也很容易瞭解，拓展文化與人格研究的學者，實際上都是他較晚期的學生，包括潘乃德（Ruth Benedict）、沙比耳（Edward Sapir）、米德（Margaret Mead）及他在哥倫比亞大學人類學系的承繼者林頓（Ralph Linton）等人。

當鮑亞士與他的學生們在美國努力證明進化論學者對文化發展錯誤的想法之時，在英國，也有一派人類學者進行反駁進化論的工作，這就是功能學派的學者（Functionalist）。功能派的學者不但不贊成進化論的理論，同時也對傳播學派以及Boas的文化史學派持相反的態度。

功能學派的思潮在歐洲學術界實有很早的淵源，法國的古朗士（Fustel de Coulanges）、孔德（August Comte）、英國的斯賓塞（Herbert Spencer），最後到了法國的涂爾幹（Emile Durkheim）都有把社會比擬為有機體的想法，而把風俗、制度的存在看作是在維持整個社會的作用而存在的。

然而近代功能學派的主要人物卻是兩位英國的人類學大師：芮克里夫布朗（Alfred R. Radcliffe-Brown）和馬凌諾斯基（Bronislaw Malinowski）。布朗自稱是社會人類學家或比較社會學家，他的興趣在研究一個社會於某一段時期內其社會結構關係是如何發生作用以維持其存在，而不著重於像Boas那樣的個別民族文化史的探討，也不喜歡像他的英國人類學先驅對進化階段的重建。他像涂爾幹一樣地把社會看成一個有機體，而追尋社會制度在結構上的功能意義，因此一般稱他是結構功能學派的創始人。

布朗的功能著重於社會結構的意義，但另一位功能派大師馬凌諾斯基則著重於個人心理需求方面的解釋，這是兩者在功能理論上的基本不同之處。馬凌諾斯基認為文化形成一套密切相關的系統，要瞭解這一整體只有從社會中個人心理需要的層次上去探求，每一項風俗的存在都因滿足個人的各種需求而存在；涂爾幹和布朗都會認為巫術與宗教及其他社會制度是為了整個社會機體的需要而存在，馬凌諾斯基卻指出宗教信仰和行為是基於個人機體需要所產生形成的。

當二〇至四〇年代功能學派在人類學界極端盛行之後，另一派學者又繼起為進化論的學說作新的註解，這一派學者一般被稱為新進化論者（Neo-evolutionalist）。

新進化論者有三個主要代表人物：英國考古學者柴爾德（V. Gordon Childe）、美國人類學家懷特（Leslie White）與斯蒂華（Julian Steward）。柴爾德是英國著名的新石器文化考古家，所以他特別著重於工藝技術進化對社會文化進化的意義；他的理論中最主要的部分是說明技術創新對全盤進化模式所產生的作用，他認為人類的歷史因每一次技術的改革，人類的文化就進入另一新階段。例如他所說的「產食革命」（food-production evolution）就是人類從舊石器進入新石器時代的技術變革。懷特的進化學說與早期進化論者的論點很接近，事實上他也一直為他們辯護；他認為早期進化理論的基本方向是對的，只是他們沒有足夠的材料來說明其論點。懷特進化理論的關鍵重點在於「能量」（energy）的使用，他以為每一社會在某一時期內個人每年消耗能量的總數可以用作制定進化程度的標準，例如人類的文明從人力進到用獸力，再進而用機器，最後到用原子能，為此能量用的不斷變化，即代表一新階段的出現。

斯蒂華與前二者的理論頗有不同，他不為古典進化論辯護，他認為古典進化論的單線進化論是大錯誤，而他自稱是多線進化論者（multi-lineal evolutionist），他興趣於不同文化類型（cultural type）的特殊進化發展。斯蒂華認為一個文化因其生態調適的不同，將會依照不同的路線而發展，而非依照一普同的階段進行的。斯蒂華的理論在細節上尚有許多爭論，但在大框架上卻為許多美國人類學家所接受，而其影響也深。他與懷特共同被年輕一代進化論者尊為宗師，而創始了文化生態（cultural ecology）以及文化物質論（cultural materialism）等新學派的研究。

文化生態學派以及文化物質論者目前已成為美國人類學界的兩大陣營之一，這一陣營的大將包括 Marvin Harris 與 Elman Service 等人。至於另一相對的陣營則可稱為文化心靈論者，他們認為外在生態環境對文化的決定並不如文化物質論者所說的那樣重要。他們有的著重於文化內在意義的詮釋，可舉格茲（Clifford Geertz）為代表，另一些則著重於文化的心靈結構的追求，以法國人類學大師李維斯陀（Claude Levi-Strauss）為代表。Geertz 把文化看作是一個民族藉以生存的象徵系統，所以要瞭解一個民族的文化就應該了解這個象徵系統的內在意義，要了解這內在的意義就必須以該民族本身的立場為出發才有可能，所以格茲的文化研究極力提倡所謂「從土著的立場出發（from native's point of view），而在方法上則力求對文化作深厚的描繪（thick description），否則就無法真正瞭解文化。」

李維斯陀則代表另一種傳統，他承受法國社會學涂爾幹與莫斯（Marcel Mauss）的思想，另一方面又深受語言學理論的影響，因此他不但特別著重於「模式」與「交換」等觀念的發揮，同時更重於說明如語言法則一樣的先天性思維法則是如何作用於社會的行為的表達；對李維斯陀而言，社會關係法則是受無意識（unconscious）模式所控制的，而非由於意識模式的約束，因此李維斯陀認為只有從人類思維深層結構（deep structure）的探索，方能理出社會文化的基本法則。在這裏，很顯然的，他所說的結構與結構功能學派所指的社會關係的結構是頗有不同的。

李維斯陀的結構論思想不但使他自己在親屬結構、儀式行為以及神話傳說的研究上大放異彩，而其影響所及，也使人類學領域中的象徵研究、認知研究、成分分析研究，以至於宗教系統研究上引起很大的波瀾，而這些波瀾幾乎有掩蓋其他學說之勢，但是，對於較審慎的人類學家而言，文化的存在似乎紮根於兩種完全不同但又相等重要的基礎，其中之一是來自語言、象徵符號與心知的範疇，另一則是人們對自然與社會環境所表現的技術與組織的適應方面。而現代人類學家所面臨的，不是這兩個範疇何者為重的問題，而是探尋兩者的接界何在，以及其相互作用的真實情況是怎樣存在的。

四

本叢書的目的在為讀者介紹社會科學各科理論發展的主要代表性人物，藉以幫助瞭解該科的思想源流，在人類學的部分，我們依照上節所述人類學理論源流發展的情況，共選出十六位主要學者作為代表性人物，分別邀請國內外人類學界同仁編譯他們的傳記以及人類學思想，這十六位學者及其所代表的理論背景是這樣的：在古典進化論方面，我們選了三位學者，包括：

Edward B. Tylor(1832-1917)

Lewis Henry Morgan(1818-1881)

James Frazer(1854-1941)

在傳播論或文化圈學派方面我們選了：

Wilheim Schmidt(1868-1954)

在美國文化史學派方面則有：

Franz Boas(1858-1942)

Alfred Kroeber(1876-1960)

Robert H. Lowei(1883-1957)

在英國功能學派中，我們選了二位大師以及一位第二代的代表人物：

Bronislaw Malinowski(1884-1942)

Alfred R. Radcliffe-Brown(1881-1955)

E. E. Evans-Pritchard(1902-1974)

在文化與人格學派方面，我們以二位女人類學家為代表：

Ruth Benedict(1887-1948)

Margaret Mead(1901-1977)

在新進化論行列中，我們選了：

V. Gordon Childe(1892-1957)

Julian Steward(1902-1972)

最後我們又選了一位仍然健在的大師，以作為文化心靈論的代表：

Claude Levi-Strauss(1908-2009)

Clifford Geertz(1926-)

因為編譯同仁時間分配的緣故，我們不一定把這十六位學者的傳記都同時編印出來，但是最終總希望能全部刊出，同時我們也希望將來能編出更多其他人類學者的小傳，更完整地把人類學理論的發展源流介紹給讀者。

這一套書中作者所根據的書籍與材料不盡相同，而且每位作者的手法也各異，有些較重於傳記的記述，有些則以介紹思想理論為重點；有些全部係編譯而成，有些則寫多於譯，但是不管如何，我們都儘可能保持相當程度的一致性，以維持全套出版品的統一。

這套書籍能夠順利陸續問世，主要是靠全體編譯的同仁共同的努力，所以要在這裏表示我個人感謝之意，同時在許多事務工作方面，宋光宇昆仲幫助至多，亦一併致謝。

民國七十一年九月一日

李亦園序於南港中央研究院民族學研究所

拾貳、人類學的價值研究

主席、各位女士、各位先生：我不知道討論會的主持人為什麼把人類學排在最先的次序；最先說話的人是最不容易做好的，但是既已安排定了，我也就不便再推讓，冒昧先講話了。

人類學家研究價值主要的是問「價值」是什麼，而不是問用什麼價值來判斷。換而言之，人類學的研究價值是客觀地研究價值的內容及其存在的意義，而不是著重於主觀的該用什麼價值標準來作判斷的問題。我想這種研究的趨勢並不是人類學家所特有的，而是近代許多不同社會科學家所共有的。

人類在調適於自然界並營社會生活的過程中，產生了一套對宇宙存在及人際關係的基本概念，基於這套存在的概念才從而有了該不該這樣做和好不好這樣做的行為標準。這一套決定人群的好惡、美醜、對錯的標準，就是我們所說的該一人群的價值，或價值觀，或價值系統。每一個民族各有其應付自然的歷史，因此各有其對宇宙存在的假設，這也就是世界上每一個民族各有其不同的價值系統的根本原因。人類學家研究人類社會價值的目標就是要瞭解各種民族的價值的不同內容及其存在的意義。

說明人類學家可以用科學的方法來研究價值最好的例子莫過於所謂「五價值研究計畫」（Comparative Study of Values in Five Cultures）。這是由著名人類學家克羅孔夫婦（Clyde and Florence Kluckhohn）所主持，哈佛大學社會關係研究室同仁所支持的一個科際合作計畫。參加計劃的學者，除去多位人類學家外，尚包括社會學家、心理學家、地理學家、歷史學家、政治學家、哲學家。計劃的目的是要研究住在美國西南部新墨西哥州 Rimrock 地方的五種不同民族的價值觀。在 Rimrock 地方居住的五種文化背景各異的民族包括：那瓦荷印地安人（Navaho Indian）、主尼印地安人（Zuni Indian）、西班牙後裔的美國人、來自德州的美國人、以及摩門教徒等五種。「五價值計畫」的目的就是要研究在同一環境之下的不同文化背景的民族在價值觀念上有何差異。這個研究計劃自一九四九年至一九五五年六年間前後進行長期的田野調查研究，採用參與觀察、問卷調查、深入訪問以及各種不同的測驗方法來分析上述五個不同民族的價值系統，發現其間有很大的差異，這也就是說，各種文化背景不同的民族各自選他們所偏好的方式來調適同一的環境。

要說明這五個民族不同價值的內容，最好的方法莫過於用克羅孔夫人（Florence Kluckhohn）和 Fred Strodtbeck 的「價值取向」（Value orientation）觀念。所謂「價值取向」用最簡單的話就是作為一個民族作價值選擇的方向。克夫人把價值取向分為五個主要範疇。這五個主要價值取向範疇可說明如下：

（一）人性（Human nature）：有些民族認為「性本善」，有的則認為「性本惡」，有的也可以認為人性不善不惡或善惡混合。

（二）人與自然（Man-nature）：可有服膺自然（subjugation-to-nature）、主宰自然（mastery-over-nature）和調和自然（harmony-with-nature）三類，各民族對自然的態度因對宇宙的基本假設而採不同的類別。

（三）時間取向（Time orientation）：有些民族重於過去，有些民族則注意現在，更有些民族則以將來為生活的目標。

（四）行動取向（Activity）：可分為存在（being）、存在發展（being-in-becoming）和行動（doing）三類型。

就人與自然的關係一範疇為例，那瓦荷印地安人的取向是調和自然。他們對宇宙和人間的關係首重於和諧（harmony），人與自然，人與人要有和諧的關係，即使人本身的肢體也要和諧完整，才有人存在的意義。假如肢體殘缺，即是失去和諧，失去和諧即是沒有生或存在的意義了。所以那瓦荷人手足受了重傷，他們都是寧死也不願鋸去一肢一臂的，他們認為沒有手臂或腿腳的人，即使活下去也不是「人」了。二次大戰中傷兵醫院中的醫生最難說服那瓦荷傷兵鋸去受傷嚴重的肢臂是很有名的故事。但是在以「服膺自然」為態度的西裔美人則很容易接受傷殘的事實，只是在鋸去臂膀或腿腳以後他們就失去再努力的意志了，比德州佬那種主宰自然、即使失去肢腿亦奮鬥不懈的態度，西裔美人自是大有不同了。

再說關於關係取向方面：在沙漠中開墾土地的工作是很艱辛的，以個人取向為基本態度的德州佬大半以個人的力量單獨奮鬥，但是那瓦荷和主尼印地安人則以群體的方式共同努力，這是兩種完全不同方法，但在環境惡劣的沙漠中，兩者均各有其利弊。

從上述的說明中，我們可看出每一個文化背景不同的民族，各有其一套價值，以作為他們行為取捨的標準，這些標準各有不同，因此各民族的行為表達也就各異。我們要說明一個民族的文化行為，就應從民族的價值取向標準而論，不應該以他民族的價值標準來估量之，這就是人類學家常說到的「文化相對觀」（cultural relativism）。在某種程度上，文化相對觀念確是民族間共處的重要原則，但是這一原則在近年來已受到其他社會科學家們相當大的議論，對於這一點希望其他研究社會科學的同仁多加指教。謝謝！

——原載「人與社會」，第一卷第四期，社會科學與價值討論會，民國六十二年十月

拾參、從人類學看文化復興運動

中華文化復興運動在理論上是屬於一般所謂振興運動（Revitalization Movement）或本土運動（Nativistic Movement）的一個形式。現在我僅就很窄的範圍，從人類學的範圍來談文化振興運動的問題和類型。至於從其他各個不同科目來看振興運動，那就要請其他各科目的同仁們，提出補充和增加意見。為了方便明瞭起見，我特列出文化振興運動的類型表如下頁所示。

從人類學上來說，最早提出文化振興或是本土運動的觀念的，是一位叫 Ralph Linton 的美國人類學家他在一九四三年的美國人類學雜誌上發表一篇文章稱為 Nativistic Movement；他對這個運動的解釋是：「土著的文化在碰到西方文化時所引起的一種反應的行動」。也就是說土著文化在西方文化影響之下，感覺到自己的文化瀕臨破產的過程當中，所引來的一種有組織、有意識、同時想把自己的文化復興起來以便抵抗外來文化的壓力的一種運動」。因此，Linton 對 Nativistic Movement 的界說是：「土著文化在西方文化的衝擊之下所引起的反應是想把自己的文化恢復或保存下去」。以上這僅是一個開始的觀念，到一九五六年，另一位美國人類學家 Anthony Wallace 修正了 Linton 的想法。實際上所謂的修正就是擴大，他建議採用另一名稱，即 Revitalization

- Revitalization Movement 振興運動
  - Nativistic Movement 本土運動
    - Ritual — 鬼舞（Ghost dance）義和團
    - Rational — 各種復古運動
  - → Syncretic Movement 綜攝運動
    - Ritual — 船貨運動（Cargo cult）太平天國 高臺教
    - Rational — 明治、維新立憲運動
  - → Innovative Movement 創新運動
    - Ritual — Ikhnaton cult Vedanta Movement
    - Rational — 各種改革運動

Movement 我們可翻譯為振興運動。Wallace 用這個名詞在觀念上和 Linton 主要的不同是將之擴大，其擴大的範圍主要內容可分為兩點：一、他所謂的 Revitalization Movement 不一定是土著文化受到西方文化壓力衝擊之後所引起的反應，它同時還包括其他所有一切社會裏對於自己的文化感覺快要衰弱時，不管是不是受外來的壓力，只要自己覺得快要衰弱就設法將它振興起來，這種有組織、有意識的活動就叫 Revitalization。二、在觀念上 Wallace 所說的擴大並不單單像Linton所

謂的「僅用一種超自然的、或宗教的方法來恢復過去」，因 Linton 所說的 Nativistic 大半是指利用宗教式的超自然方法來恢復過去的文化，而 Wallace 所指的並不一定是宗教形式的復興運動。最近幾年來，其他的人類學家談到 Revitalization 的很多，他們不僅著重於分類上的討論，同時也特別著重於過程上的討論，故近年來有不少的新觀念，我特將這些作成一個新的分類，也就是前面所談的圖表，現在就根據這個表，提出我個人的想法，希望能對中華文化復興運動的一些辦法和步驟有所補充。

第一點，我仍然採用 Wallace 的老名詞 Revitalization 振興運動作為一切同類運動的總稱。在這個振興運動之下我又將它分成三個不同的類型：一、是採用 Linton 的 Nativistic Movement 本土運動，在這一類我所指的是某個社會對於外來文化的衝擊或對自己文化感覺不滿時所引起的行動。振興的方向是以恢復或保持自己原有的文化為目標的，所以稱它為本土運動，這是頭一種振興運動。第二種可稱它為 Syncretic Movement 綜攝運動，這個運動的目標並不是要恢復或保持過去固有的文化，而是將自己原有的文化再加上外來新的文化混合在一起。Syncretic 這個字在宗教學上的用意是將兩種不同的宗教派別混合在一起的。故 Syncretic 不止是恢復過去的，同時要接受外來新的合適的東西，這是第二種運動。第三種運動是 Innovative Movement 創新運動，它不僅是恢復保持過去，也不僅是接受外來的東西，而且要創出一個新的觀念和適用於新的環境和新的變遷，這就是創新的運動。在以上這三個不同的類型之下，我又將每一個類型分成兩個小類，一個是儀式的 Ritual，另一個是理性的 Rational，這與從前的說法沒有太大的不同，但有點小改變，就是從前 Linton 稱之為 Magic，我將它改為 Ritual。這兩個名詞在意義上有些差別，Magic 純粹指宗教的或超自然的，但 Ritual 是指一種儀式性的。Ritual 在大部分範圍裡可以說是超自然或宗教的，在小部分裏可以不是指超自然的，而是一種象徵（Symbolic）行為的，所以我認為在此用 Ritual 比用 Magic 要合適。另一個 Rational 則是包括各種不同的理性的復興運動，它可以政治、社會或經濟為目標，也可以其他的文化全部為目標。以下我再就一般人類學上的例子來解釋這兩種不同的情形：

一、在前面表示之本土運動、綜攝運動和創新運動的項目之下，我均劃上箭頭，它顯示的意思是：「早期的土著對於西方文化的反應，大半是以儀式的、以超自然的性質方法來反應」，這就是一般典型的本土運動形式。如印地安人的 Ghost dance 鬼舞或太平洋小島上的 Cargo cult 船貨運動，都是以超自然的形式來反映的，同時最重要的一點就是要恢復過去。何謂鬼舞？就是想將從前死去的人復活來幫助他們恢復印地安人原來的生活和文化；幫助他們多生產野牛，恢復過去打野牛的文化。換言之，本土運動是著重於恢復過去或是保持現有的文化，這種運動多半是進行一半中斷而未有後果，因其手段多是超自然的，而目標則是不能再恢復的過去，所以就難於真正達到目標的。只有再進一步恢復自己的文化同時加上外來新的文化才會比較更長久一點，也更理性一點，這便是我所謂的綜攝運動，但綜攝還不夠，因為它只能將自己的東西恢復再接受外來的東西。在環境不斷改變和歷史不斷前進的情況下，綜攝必須再加上創新運動（Innovative Movement）才能不斷適應新的變遷。因此，站在人類學的觀點上來看一個 Revitalization Movement 振興運動，不但要將自己原來的東西保持或恢復，同時要借用外來新的東西；不但要借用外來新的東西；同時要不斷的創新，這種運動才是能夠往前走的運動。

二、其次是關於 Ritual 和 Rational 兩觀念，從人類學觀點上來看，我們不一定要將 Ritual 的問題看成完全迷信的，或是無意義和超自然性質的，Ritual 也可以解釋為儀式性的或象徵性的。我要說明的是：在臺灣鄉下，我們常看到許多以復興中國固有倫理道德為目標的儀式，他們經常藉「王爺廟」、「媽祖廟」舉行，他們在外表上是拜佛拜神，但他們教導大家的內容卻與我們相同，也就是復興中國傳統之倫理與道德。我舉出這個例子的意思是指出：我們不能將文化運動太理性化，因為太理性化就容易停留在上層社會，而一種運動最危險的就是將它擺在高階層而不能和大眾連在一起，這樣就經常半途而廢了。所以中華文化復興運動必須設法推行至鄉下而與之混合在一起，始能造成一個能夠發揮整個社會的運動，我們千萬不要將這些運動只包括在一些高階層或高級知識份子的範圍內，我們必須要將它擴大到全體民眾身上！

——原載「中華文化復興月刊」，第五卷第二期，有關復興中華文化的幾個基本問題座談會，民國六十一年二月

拾肆、文化變遷與現代生活

一、現代生活的特色

現代化是全世界人類目前共同追求的目標，因此全球的國家社會都在不同的階段中企圖擺脫傳統的束縛而朝著這一目標而努力；但現代化的意義並不僅是政治或社會在形式上的現代化，而最重要的一環是人民生活的現代化。換而言之，現代生活是現代社會最重要的地方，但是，什麼是現代生活呢？

現代社會最主要的特色可以說是個人生活和社會結構的分歧化（differentiation）和專門化（specialization）；這種分歧化和專門化的情形可分別從經濟、政治、社會和文化各方面看得很清楚。

在經濟方面，現代化的動力是機器的發明，以及其後一連串的科學知識對工藝技術的改進，由於機器工業的出現，遂使人類社會的生產、消費以及其他經濟制度起了很大的變化。從前的家庭或小單位的生產方式，逐漸為大規模、集中化的生產方式所代替，從前自給自足的生活也逐漸變為複雜的，互相依賴的社會；在這過程中，我們可以看到分工的不斷精細，職業的不斷專門化，人們不只不依靠自己的生產以養活自己，而且常常從事於某一種職業的某一專門部分。在另一方面，由於生產和職業的專門化，市場組織及其他經濟金融機構也隨之不斷地複雜化，而人與人之間也就因為這種不斷的專門化，複雜化的經濟關係而有很大的改變。

政治現代化的目標是民主、平等及效率。民主、平等的表現是全民政治參與的逐漸普遍化，使從前在少數人手中的政權逐漸交給大多數人，以至於擴及全民。效率的表現則是政府的組織逐漸走向事權集中嚴密區分的機構，更重要的是行政人員的專門化與分歧化。在政治參與普遍化的過程中，依據民主與平等的原則，人民可以被推選為政府官吏，執行行政權力，但是依據專門化與分歧化的趨勢，政治官員在嚴密區分與精細分工的情況下，其職權都極為專門化，而且更重要的是其角色的分隔（separation of roles）；角色分隔的程度，不只限於同一政治範圍，亦即不以在某一政治部門的地位作為獲取另一部門職務或權力的依據；同時也指政治、經濟、職業、社會等不同範疇的角色分隔，換而言之，即不以別一範疇的地位作為換取政治地位的依據。

在社會關係的現代化方面，我們又可以從下列四點來說明之：

（一）家庭關係：家庭的經濟意義已逐漸減少，主要成為養育教化與情感培植寄託的單位。小家庭逐漸成為最普遍的家庭形式；家庭中親子、夫婦的關係變為較為親密，但卻較為平等的關係。

（二）人群關係：傳統的以親族的、地域的、階級的取向為根據的人群關係，逐漸為職業的、興趣的以及社區的取向為依據的人群關係所代替。

（三）角色關係：傳統的以特殊的（particularistic）和歸屬的（ascriptive）為角色地位的依據，已逐漸為普遍的（universalistic）和成就的（achieved）的依據所代替。換而言之，個人的角色與地位趨向由個人本身的能力成就來決定，而不再依據其出身及家世來決定。

（四）居住關係：在現代過程中，居住關係的變遷首先表現於城市人口的集中以及居住區域的不斷改變，但在另一方面則又表現於生活、工作、就學和娛樂地點的分開與隔離。

在文化及精神生活方面，現代化的意義表現於知識、教育的普及，以及大眾傳播工具的無遠弗屆；尤其是後者，可以說是把現代化各方面的意義與精神傳達到社會各階層最有效方式。在較高層次的意義，文化及精神生活的現代化亦表現於宗教、哲學和科學等主要文化及價值系統的逐步分化，而基於科學的、世俗的知識在文化活動的範圍中逐漸形成其支配的地位。

為了達成上述各方面的現代化地步，一個社會，特別是一個在傳統轉變中的社會，必須著重於社會關係、知識觀念及價值系統的不斷能創革變新，也就是說必須是一個能調適於不斷變遷的境界，同時又須是一個能容納創新的社會系統。因此，生活於這社會系統下的個人，其人格構成就必須具有若干特色。那就是有明顯自我的順應性，使能適應不斷改變的社會關係，不斷擴展的知識與興趣，同時要具有調適於新事物、新關係、新環境以及能對自已改進給與不斷評價的傾向動力。只有這樣的人格構成，這樣的社會系統才能達成現代社會生活的需要，才能真正成為參與現代生活的現代人和現代社會。

二、文化變遷與社會、個人的調適

如上節所述，現代生活不但在經濟、政治、社會及文化各方面各有其特徵，而且是整個社會系統及個人人格構成都須能調適於不斷的變遷，容許不斷地創革變新，換而言之，適應不斷的變遷便成為現代生活最主要的特徵。

可是，大部分的傳統社會都是屬於較固定的社會，要使他們改變其固有的傳統已不容易，何況要他們不斷適應於變遷的處境，更是困難的事，因此「文化的變遷」問題便成為現代化過程中最重要的問題，不管從社會或個人的層次看，都產生了複雜的調適的現象。

先從社會的一方面看，在現代化的過程，因為急劇的文化變遷，有時引起整個社會很大的動亂，並至於形成整個社會的解體，這種因變遷而引起的悲劇，並非鮮見的例子。較早期的人類學家、社會學家，對於社會解體及其相關的現象與趣較濃，較近代的社會人類學家，則較著重於變遷的過程中，社會的某一部分產生病態或不適應的研究。本文所要特別提出的，則是所謂「匱乏文化」的討論。

所謂「匱乏文化」（culture of poverty），是美國人類學家路易士（Oscar Lewis）所提出

（一九六五）。路易士以研究墨西哥及波多黎各文化而著名，也就是從這些研究中，路易士發展出他的「匱乏文化」的觀念。

路易士認為在現代化的過程中，或者說文化變遷的過程中，最常見的現象是只有部分人的現代化，換而言之，社會中的部分成員已改變其傳統的生活，而接受了現代生活方式，但是另一部分或小部分的人，卻因種種的原因未能同意放棄傳統而成為現代化的一份子，也就是說，社會的現代化未能徹底或普遍化，而那些未能參與現代化生活的人，就形成特殊的部分，表現的是不進又不能退的狀況，而自成為一種文化的模式，路易士即稱這種社會中的特殊部分或次文化（subculture）為「匱乏文化」。

所謂「匱乏文化」與貧窮（poverty）並不一樣：貧窮是純經濟的意義，也就是指生活必需品的短缺和生活水準的低落，但「匱乏文化」則非純經濟的意義，其文化和社會的意義，尤較重於經濟的意義。在新畿內亞的內陸村落裡，或在喜瑪拉雅山的高山村落中，其村民的生活水準也許最低，最屬貧窮的人，但是他們卻不見得是「匱乏文化」，因為在他們的社會中，並沒有形成一部分已現代化的人及一部分尚未接受現代生活的人，所以並無可能產生一種不進不退的特殊次文化來。

根據路易士的說法，在這種特殊情形下發展出來的「匱乏文化」的次文化，其特色是感到社會的一切制度設施都不是為他們而設的，因此他們感到不歸屬（feeling of not belonging），而有見外、無根、不經心，甚至玩世不恭、嫉恨、仇世的態度。生活於「匱乏文化」中的人，因為看到、感到社會中的另一部分已接受現代生活，其生活水準，經濟狀況，更重要的是思想行為已遠超過他們，而他們卻因本身的條件以及其他限制未能做到同一地步，因此他們就自慚形穢，感到失望，進而覺得是被遺棄、被剝奪、不被愛、不被接受的人，他們甚至否定自己的能力，缺乏自尊心，自暴自棄，而形成一種像涂爾幹（Emile Durkheim）所說的「病態」（anomie）的次文化。對於整個社會而言，「匱乏文化」中的人便是罪犯、太保、阿飛以及種種乖張，異常行為所自出。對於這一病態次文化的本身而言，這一文化一旦形成就不易消失，而且一代一代傳遞下去的。因為它既成為一種「次文化」，則代表一種生活方式，一種價值觀念和處世態度，這種態度和價值觀念，經由大人之教養而傳給兒童，所以在其成為社會的第二代成員之前，他們早已成為這一「匱乏文化」的承繼人和繼續傳遞的主人了。

但是路易士所說的「匱乏文化」，並不是發生在所有的現代化過程中或開發中的社會的，有些正在進行其現代化生活努力中的社會，因為有特別的社會結構或特殊的處境，亦可免去「匱乏文化」的形成。路易士及其同事認為「匱乏的文化」可以發生於大城市的區域內，就是一般所謂「貧民窟」或「陋巷」（因此亦可稱為陋巷文化），但也可以發生於鄉村地區，那就是窮鄉僻壤或特殊職業及種族的地區。但是並不是所有的貧民窟或窮鄉區都會成為「匱乏文化」的出現地，因為就如路易士所說的，在若干氏族或親族組織較強的社會，以及若干宗教力量，信仰系統至為著重的社會，「匱乏文化」就有可能不致於形成，因為親族組織嚴密的社會，親族關係所給予的支持與安全，以及倫理精神對心理的安定力，都可阻止失望、被遺棄等現象的出現，而宗教力量，信仰系統的堅強，也同樣產生這種支持的因素。今日，我們在臺灣所面臨的也正是走向現代化變遷的道路，目前我們尚未發現有「匱乏文化」的形成，但是我們卻不能斷定將來是否會出現，因此如何利用我們倫理的精神以及親族的觀念，以阻止這種病態文化的出現，應是當前最主要的工作。

從個人的一方面看，現代化過程中所引起的文化變遷，對個人的心理健康與調適有很大的影響。如上節所述，現代化生活所代表的，包括經濟、政治、社會以及文化各方面的變化與創革，一個原來生活於傳統社會的人，要轉變適應於這種新的生活方式實是不容易的事。生活於傳統社會的人，即使在生活上所受到的心理壓力甚大，但他仍可以用社會所習有的方法解脫或昇華其不快之處。可是在現代化生活的轉變過程中，其變遷常是急劇的，一方面個人所受到的壓力太大或太突然，另一方面社會制度尚未形成可以宣洩解脫這種不安或憂慮的方式，因此引起個人心理的不能調適的情況很厲害，而精神病患的率例也就大為增加，以致於成為嚴重的社會問題。對於文化變遷所引起的心理病態與精神疾病的問題，心理學家和精神醫學家討論的已很多，如H. B. M. Murphy（一九六一）和M. Fried（一九六四）等人所研究的文化變遷與精神健康問題都甚詳盡，林宗義及林憲醫師所領導的臺灣精神病患研究，也明顯指出近年來本省因社會經濟變遷後所看到的精神病患有顯著的增加（一九六九）。人類學家所注意的問題，除去這些因文化變遷所引起的精神病患的問題之外，他們又經常進一步要問，就像我們在前面所說的，現代化的真義是養成一個能不斷變革創新的社會系統以及一個能不斷日新又新的人格結構，但是這種能日新又日新的人格結構是經由什麼方式才能養成的呢？這應是社會科學家和健康的社會成員目前所面臨的急務。

三、計劃的變遷與現代生活

現代化和現代生活是目前人類所共同追求的目標，也是勢在必行的事，但是如前面所說的，走上現代化和享受現代生活的代價並不簡單，社會與個人所遭遇到的困難與挫折至為嚴重，對於這些問題應如何加以解決，正是社會科學家們所面臨的，站在人類學（社會科學的一門）的立場上，對這個問題的尋求解決，大致可提出三點意見。

人類學家是以文化為其研究的對象，因此他們對文化最為瞭解，在他們對不同文化的研究體會中，有一個重要的概念應先說到，那就是「文化相對觀」（cultural relativism）。人類學家認為每一個文化就如一個有機體，其存在有其個別的意義；因此不論是原始或文明，不論歷史發展的深淺，每個文化都自成一有系統的整合叢體，就其本身而言是有機的結構，對外而言則保持獨特的型式，因此對一個文化的評價只有從該文化的立場作判斷，而不能以別的文化的標準來定其好壞，這就是對個別文化予以個別的尊重。但是在現代化的過程中，我們是否已經犯了以另一文化來改變別的文化的矛盾，這一點是應該澄清的。現代化並不等於西方化，也就是說並不是以西方文化來代替其他文化；現代化的真義是在原有的傳統上建立一不斷能適應於現代生活的社會，因此，現代化的目標可以是一個的，但達成的道路則可以是多種的，其內涵結構也可以是多樣的，用一句中國的成語——「和而不同」，應該是最能說明這一意義的。

現代化的意義既然是在傳統的架構上建立一適應現代生活的社會，因此在現代化的過程，不管其主動是出自於該一社會或國家自己的行政系統，或者是由外國或外來的機構所推動，在開始執行任務之前，應該對該一文化的各面作審慎的瞭解，知道那一些是他們最需要的，那一些是他們最可能堅持不放的，那一些可以最先予改變的，那一些又是可以加以代替的，然後再著手進行工作，這就是社會科學中目前最常提到的所謂「計劃的變遷」（planned change），瞭解真正的需要，鼓勵人民主動地、自願地從需要中尋找解決，那麼即使是在變遷中遇到困難和挫折，在情感上也將減輕因困難和挫折所引起的痛苦。

再從較長遠的角度看，前節所說到的適應現代生活的人格應是能不斷更新創革的人格，但這種人格應如何養成呢？現代化生活的形式可以逐步依計劃的變遷而達成，但不斷創新的人格卻需要代代的努力才能培養出來，培養這樣的人格需要吸收不同文化的教育方法，需要從泛文化的比較研究（cross-cultural study）上尋求一些可遵循的路徑來，這些也正是社會科學家努力的目標。

【參考書籍】

Eisenstadt, S. N., Modernization: Protest and Change, Prentice Hall.

Finney, Joseph, C., （ed） Culture Change, Mental Health and Poverty. 1969, University of Kentucky Press. Fried, M., Effects of Social Change on Mental Health, American Journal of Orthopsychiatrist, Vol 34, pp. 3-28, 1964,

Lewis, Oscar: La Vida: A Puerto Rican Family in the Culture of Poverty, 1965.

Lin Tsung-yi, Rin Hsien, Yeh Eng-king, Hsu Chen-Chin and Chu Hung: Mental Disorders in Taiwan:Fifteen Years Later: A Preliminary Report, in Caudill and Lin （ed.） Mental Health Research in Asia and the Pacific, 1961, University of Hawaii, East-West Center Press.

Murphy, H. B. M. Social Change and Mental Health, Millbank Memorial Fund Quarterly, Vol. 39, pp. 385-445, 1961.

李亦園　文化與行為，民國五十五年，商務印書館。

拾伍、科學研究與種族偏見

黑白種族糾紛聲中，極端主義白人重要宣傳之一是：「白人較黑人早進化二十萬年」；他們並聲稱這是最新的科學結論！科學家們辛苦鑽研的成果之被濫予引用是屢見不鮮，其最甚者莫過於人種學家及人類學家之理論學說被濫用於種族偏見的宣傳。

種族偏見是今日世界動盪不安的主因之一，舉其近者，中東戰事的爆發，羅得西亞叛逆政府的宣佈獨立，南非政府與聯合國之歧見，莫不導源於種族偏見。種族偏見為禍人類至顯，如再加上「科學」的證據為之助陣，則益發不可收拾。所謂「科學種族主義者」（Scientific racist）實濫觴於十九世紀中葉，法人 J. A. Gobineau 的 *The Moral and Intellectual Diversity of Race*（一八五八）一書，而由 Otto Ammon, Stewart Chamberlain, Ludwing Woltmann 等人繼起而擴大之，遂致於一世紀以來給人類莫大的災害。但是，所謂「科學種族主義者」實應分為兩類談它：第一類是先有種族偏見而從事「科學」證據找尋者，他們最囂張的時代是一九二〇年至一九四五年的兩次大戰之間，主要的代表人物如 E. M. East, D. F. Jones, R. R. Gates, H. Gauch 及 H. F. K.Gunther 等，這一類人物可說是第二次世界大戰的罪魁，而時至今日仍然創行一種稱為 Mankind Quarterly 的雜誌，宣傳其種族優劣之說。第二類的人未必先有種族偏見的想法，惟其研究結論或學說常能為種族主義者所利用，Gobineau 本身未必有極端種族歧視的想法，而本文以及隨後的兩篇譯文所要討論評介的著名人類學家孔恩教授（Carleton S. Coon）亦應歸屬於這一類。

孔恩教授之牽涉於種族主義的是非乃始於他的名著《種族之起源》（The Origin of Races）一書的出版；本文一開始所說的「白人較黑人早進化二十萬年」一語，也就是引用自孔恩這一本書。因此，自一九六二年《種族之起源》問世後，孔恩就成為激烈批評的對象，在人類學界引起軒然大波。但事情並不因時間而逐漸平靜下去，一九六五年冬，孔恩再出版了另一本有關種族的新書，命名為《現代人類的種族》（The Living Races of Man）。這本新書實際上是前書的續集，所以孔恩雖儘量避免刺激種族歧見的語句，全書仍以支持上卷的主要論點為重心，因此受到行內行外的批評亦甚激烈。在說明孔恩教授這兩本有關種族的鉅著以及其所引起的問題之前，我們應先介紹這位為人所非難的人類學教授。

孔恩教授（Carleton S. Coon）是美國麻省波士頓附近 Wakefield 人，哈佛大學文科學士、碩士、人類學博士，受業於名家 Roland Dixon 和 Earnest Hooton 諸人。一九四八年以前，執教於母校哈佛大學，一九四八年起受聘於費城賓州大學為人類學教授及博物館主持人。在《種族之起源》出版以前，孔恩即以《人類的故事》（The Story of Man, 1954），《七洞穴》（The Seven Caves, 1957）和《駝商隊》（Caravan, 1951, 1958）等書而著名。一九四二年他且曾與應用人類學家Elliot Chapple合著《人類學原理》（The Principles of Anthropology）而成為人類學理論與應用領域中一重要里程碑，可見孔恩教授的興趣並不僅限於人類生物性方面的研究，而實際上亦廣及人類文化性方面的涉獵，因此在人類學圈中實頗負盛名。

《種族之起源》一書刊行於一九六二年十月，一九六三年一月再版發行，同年九月三版問世。全書最主要的部分是有系統地分析闡述舊世界各地所發現的化石人及人形化石。這一工作不但在資料採擇及敘述分析上做到前所未有的齊備和嚴謹，而且更重要的是孔恩在處理這些化石時，並不僅限於形態上的觀察和測量，他及時能運用現代遺傳學及進化的理論，把化石人與其當時的生態環境作調適的過程加以探究，然後綜合寫出化石人如何演進成現代人類的系統圖象。在這點上孔恩表現出他的才智、想像力與無比的勇氣。但是也在這一點上，孔恩引起了這種軒然大波。

孔恩根據舊世界化石人的研究，作了如下決定性的結論：在五十萬年前的更新統中期，當時的化石人類都是屬於同一荷謨屬（Genus: Homo）中的直立人種（Species: Homo erectus）；但由於其地理生態的不同適應，直立人種在當時已分為五個族（Races）或亞種（sub-species）。現代人類均屬於真人種（Species: Homo sapiens），真人種是由直立人種所演化而來，但演化的過程是五次，而非一次。也就是說，直立人種的五個亞種生活在不同的地理環境下，在不同時間，經過獨特的演化過程，各自演變成為現代人（真人）的五個種。我們可以把孔恩教授所說的五個古人種及五個現代人種的演化系統及時問列表說明如下：

直立人種（Homo erectus）	演化成現代人時間（約計）	真人種（現代人）（Homo sapiens）	附註
爪哇人（Homo erectus Erectus）	五萬年	澳洲亞種（Australoids）	
北京人（Homo erectus pekinensis）	十五萬年	蒙古亞種（Mongoloids）	
尼人（Homo erectus neanderthalensis）	二十五萬年	高加索亞種（Caucasoids）	
羅人（Homo erectus rhodeisensis）	四萬年	剛果亞種（Congoids）	包括非洲各種尼格羅族
毛人（Homo erectus mauritanicus）	十萬年	開普亞種（Capoids）	包括西南非的Bushmen, Hottentos

孔恩認為高加索亞種因為居於有利的環境，不但在體質上較早進入真人時代，同時在文化上也因而高於其他亞種，這便是偏激種族主義者認為最有利於他們的理論據點，但也是人類學家、遺傳學家最不能贊成之點。

孔恩教授沒有把化石人骨硬生生地處理，而用進化的理論點活了其意義，這也是他了不起之處。但是精通進化理論與遺傳原則的他，卻忽略了其中最重要之點。根據現代進化理論，「天擇」（Natural selection）是主要的進化原動力；物種因適應環境所加之他們的壓力而改變其種族遺傳因子的配置；新的種屬的產生是從舊的種屬逐漸改變其「全體遺傳構成」，而至於最適於當時環境而成的。試想一個種族的遺傳因子重新組合的機會何止億萬？其重複兩次的可能性已微乎其微，也就是說，一個種屬在不同時間不同環境，經過兩次遺傳因子重新配置的進化過程，卻又變成同一種屬，這種異途同歸的可能實在可以看作不存在，然而孔恩教授卻認為直立人種經過五次不同的進化過程，而五次進化所成的新種卻仍屬於同一真人種，這實在是令人不能置信。還有正如另一著名遺傳學家 Dobzhansky 教授所說的，孔恩認為高加索亞種的進化是經過數十萬年的時間，而尼格羅亞種（剛果亞種）在四萬年前仍屬直立人種時代，卻在短短的四萬年中「一躍」成為真人，那麼其進化的速度不是較「優秀」的高加索種快速數倍嗎？從另一種觀點來看，這豈不是說尼格羅種更「優秀」，更能適應嗎？

假如暫撇開專業的理論不談，單從基本的科學原則而論，孔恩的立論也很有問題。首先是化石人資料太零碎而有限的問題，例如他作為辨別剛果亞種與開普亞種之祖先的化石種類，實在少得可憐，並不能據之以樹立兩大亞種的分類。在另一方面，把同時間的化石人別為兩個進化階段的種屬，而其所用作分類的標準實在是很主觀的。資料的齊全與否及分類標準的客觀程度都是

「科學」的基本原則，孔恩教授在未能把這兩原則確定到相當程度，而遽然立下這種可引起種族糾紛和仇視的理論，似有虧於作為一個對人類前途負有重大責任的人類學家。

由於《種族之起源》一書出版後孔恩受到的指責很厲害，所以在他的第二本有關種族的書《現代人類的種族》（The Living Races of Man）的首頁即引用法國前總統 Henri Poincare 的一段話，同時又在序言中加重語氣的聲明他的研究是就事實而立論，因此要求世人不要引用他的理論作為某種教條、感情或觀念的佐證。《現代人類的種族》出版於一九六五年冬，全書以現代人類的種族歷史以及其目前的地理分佈為主題，其研究的對象是成為真人以後的現代人類，與上書所描述以化石人為對象不同，但是其理論基礎完全依照上卷對人類亞種的五分法，因此作者雖儘量避免討論種族頭腦結構及其有關智慧的問題，仍然很明顯地表現出其五族個別進化的理論間架。

在描述種族史與種族體質差異時，本書最突出之處是運用語言文化的因素以及採用遺傳特質，例如血型、PTC味覺試驗和遺傳疾病等分析種族的差異。孔恩認為語言的隔閡以及其他文化產生的制度如內婚、宗教歧視等再加上地理的隔絕是使五個亞種不曾互相「交換」遺傳因子而各自保持個別種族差異的主因，這種解釋固然在表面甚為有理，但實際上與孔恩的基本進化理論互相矛盾，因為孔恩相信五個人類亞種的演化成真人在時間上頗有不同，有的種族已有數十萬年的歷史；有的卻只有四五萬年的歷史，因此在某一段時間內兩個族乃屬「古今」（不同進化階段）不同之種屬，那麼何必再繞圈引用語言文化的因素來解釋其不曾互相接觸而交換遺傳因子呢？所以歸納而言，孔恩教授立論的基本弱點仍在分類學上，我們對他著重人類的體質差異而忽略其較多的相同處實感遺憾。

總結而言，孔恩教授及其兩冊有關種族鉅著所引起的問題，站在科學研究的立場而言，可以說有兩層的。問題之一面是，科學家應保有其自由獨立的領域而不受外界的影響；科學家在研究過程中常作若干理論假設，以便作為進一步研究的基礎，但這種暫時的理論假設如被濫用作宣傳的佐證，而致使科學家蒙受其害，甚而不敢再繼續發表其研究結果，那麼科學的進步將受到很大的挫折。這是社會對科學家的責任。問題的另一面是：科學家對社會（整個人類社會）亦有其嚴肅的責任，當他們碰到涉及全人類命運與福祉有關的問題，就應當特別謹慎從事，嚴守科學的原則，儘量避免主觀及感情的成份，特別是西方科學家更應慎重，抑壓其優越的感情因素。說到此處，我要引用李濟教授在分析英國化石人「道森氏曉人」假造事件時所說的一段話（現代學術季刊第一卷第二期）：「曉人享受的信譽，不但有早期進化論學術的支持，很顯然地還有若干感情的成份在內……。曉人的出現，可以證明最大頭腦的人類，最早生在英國；換過來說，最早的英國人也是現代人類最早的祖先……。英國科學家接受曉人證據的輕易態度與過份熱烈大半可由潛伏在他們的下意識內的這一情緒解釋」（頁七）。我們希望，孔恩教授在寫下他的五族各別進化的理論時，確實沒有英國人類學家所潛存的那種下意識情緒才好。

——原載「思與言」雙月刊，第五卷第二期，民國五十六年七月

拾陸、從麼些族的情死谷說起

一

麼些族是我國西南邊境的一個少數民族，他們是「漢藏語系」「藏緬群」的一支，目前他們的人數約近二十萬人，大部分聚居於雲南省北部的麗江、維西及西康省東南的鹽源、鹽邊等縣。麼些族人在邊疆少數民族中最突出的一點是他們有自己的文字；麼些人的文字是一種象形文字，這種文字主要的功用是宗教上的：麼些族的巫師們用這種象形文字寫成許多種麼些經典，作為傳誦之用。根據我國著名的麼些文化專家李霖燦先生的記載，麼些族的經典包括龍王經、超度經、替身經、延壽經、退口舌經、占卜經以及祭風經等等。

在麼些族的經典中最特別的一部經是大祭風經，這部經是用來超度殉情而死的鬼魂的。麼些族人的青年男女談戀愛是很自由的，但是有情人是否能成為眷屬卻是另一回事。那些互相愛慕而不能結合的男女，經常雙雙跑到他們居住地不遠的大雪山中跳下山谷殉情。為了超度這些「風流情死鬼」，麼些巫師便有了一部大祭風經。這部經本來是為了超度禳解情死的鬼魂，不料因經文對「愛神之誘惑」和大雪山中「情死王國」的美景描寫得太生動了，反而感動吸引更多的青年男女如癡如狂地走向大雪山谷了卻生命。情死的人越多，越要誦這部經典以超度亡魂，但是越誦這些經典，情人跑去殉情的越多，這種情勢愈來愈厲害，後來到了不可遏止的地步。最後政府竟不能不用命令的方式來禁止傳誦這部經典了。下面摘錄李霖燦先生所譯情死經典中的一段——「愛神的誘惑」，讓我們欣賞這部經的動人之處（參照中央研究院民族學研究所集刊第廿六期，麼些族的故事一文）：

開美尤美極！凡是人類居住的地方都是很痛苦的；找到了早飯又得不到晚飯。

所有的牧人，雖然是自己從牛身上取到奶汁，但自己連一滴奶汁也吃不到！

所有的獵人，雖然是自己活捉到野獸，但自己是一點獸肉也吃不到！

所有的農人，雖然是自己從田裡收到了五穀，但自己是一頓飽飯也吃不到！

所有的牧童，雖然是自己從羊身上剪到羊毛，但是自己一件暖和的衣服也穿不到。

開美尤美極，妳的眼睛太痛苦了，到這裡來看草場上的鮮花吧！

妳的腳太疲倦了，到這裏來踏如茵的尤姝芳草吧！

妳的手太疲倦了，到這裏來安心地取犛牛的奶汁吧！

妳到這雲霞世界中來居住吧！

妳到這裏來飲高山的清流吧！

妳到這裏來把愛之花插滿頭吧！

妳到這裏來吃樹上的蜂蜜和樹下的清流吧！
妳到這裡騎紅虎、牧白鹿、取鹿乳吧！
妳到這裡來織天上的白雲地上的白風吧！

二

上面所說的麼些族人的故事確是非常動人，但是無論如何自殺總是一種異常的行為，而麼些人的殉情於大雪山谷卻又是文化所誘導的異常行為。由文化本身所誘導或劃設的自殺行為，在世界各民族中並不鮮見，其中尤以北美洲的莫哈印地安人（Mohave Indian）最著名。莫哈印地安人的自殺行為是因為著名的人類學家兼精神醫學家 George Devereux 的研究和報導而為世所知。

根據 Devereux 先生的報導，莫哈印地安人有一節傳說，傳說敘述莫哈族人的始祖 Matavilye 在年老生病時是故意使他的巫師女兒殺死他的（參看氏著 Mohave Ethnopsychiatry and Suicide: The Psychiatric Knowledge and the Psychic disturbances of an Indian Tribe, Smithonian Institution, Bureau of American Ethnology, Bulletin 175, 1961）由於有這一傳說，莫哈族人因而有一種文化暗示的自殺傾向，因為他們認為他們的始祖是自願死亡的，所以後代的人是值得倣尤的。由於這種文化的暗示或誘導，在莫哈族中便有很多種類自殺行為，或者更正確地說是自我殺戮（self-destruction）的行為。根據 Devereux 的研究，在莫哈印地安人觀念中的「自殺」有下列各種：

（一）胎中自殺（Prenatal suicides）：莫哈族人認為一個嬰兒如胎死腹中並使他的母親也難產而死，便是一種自殺和他殺的行為；他們認為凡是使母親和自己因生產而死的嬰兒都是天生的巫者（witch），他們都不願自己出生到人間，並且企圖殺死他們所愛的人——母親。

（二）斷奶自殺（Suicide at weaning）：莫哈族人相信嬰兒會因為母親再懷孕或弟妹出生後，產生嫉妒之心，而拒絕吃奶以自殺，這種死亡多發生在斷奶期，所以稱為斷奶自殺。

（三）孿生自殺（Suicide of twins）：莫哈人相信孿生的人都是鬼投胎，他們到人間後感到厭倦就會故意讓自己死去。孿生者中的一個逝世時，另一個也經常會自殺的。

（四）象徵性自殺（Symbolic suicide）：一個人假如娶了一個有亂倫禁忌範圍內的人作妻子，他就應該在結婚儀式前作一象徵性自殺，表示真的自我已死亡，結婚的是另一個人。

（五）自願死於巫者（The willing victims of witch）：這是與前述始祖自殺相似的自殺例子，只是「自殺者」直接要求巫者用巫術殺死他，或者拒絕接受反巫術的治療而死。

（六）委故自殺（Vicarious suicide）：這是典型的始祖自殺傳說例子，與前者不同的地方是藉故使巫者殺死自己，而非直接要求巫者殺死他。有時也有人故意在戰爭中使敵人殺死自己。

（七）葬儀自殺（Funeral suicides）：死者的親族之一在葬儀中企圖跳火自殺。

（八）真正自殺（Active suicides）：這才是我們一般所說的自殺。但是莫哈人即使是真正自殺的行為，也經常不是單獨發生，而是與上述多種例子的自殺相連帶的，換而言之，他們的自殺是有「傳染」的性質的，這自然都是由文化暗示而來的。莫哈人真正自殺所用的方法最特別的一種是用泥土塞到嘴裡，使自己窒息而死，這種自殺法稱為 geophagy（食土）是常用的莫哈人自殺方式。

三

自殺或自我殺戮、自我毀棄都可以說是一種異常的行為，但是比較麼些族和莫哈族的例子，我們可以發現由於文化的暗示和誘導，自殺的情況可以在一個民族中「傳染」成為一種「流行」或「普遍」的行為，對一般人來說這實在是很費解的事。

其實，每一個文化多少都「利用」或「鼓勵」自殺來表示一種態度或感情，並且常常「選定」一種特別的自殺方法來表達這種感情，麼些族人和莫哈族人的自殺不過是稍微「過份」地表現這種文化的劃設而已，因為麼些人用跳大雪山谷自殺，以表達追求純真純美的感情，以及莫哈族人用泥土塞嘴巴自殺，以表達自我揚棄的感情，假如與中國人上吊自殺，以表示一種抗議的態度，日本人切腹自殺，以表示謝罪或自我剖白的態度，以及埃斯基摩人坐在冰天雪地上自殺，以為下一代多留一點食物的態度相比，我們很難看出其間有什麼大差別的！

「文化」就是這樣一種奇妙的東西，它幫助人獲得生活的必需而藉以生存下去，但是它又暗示或引導人走上自殺的路。人類也是一種奇妙的動物，他創造了文化並賴以為生存的工具，但是文化卻反過來塑模了人類的行為，人類不但在饑餓和食物的形式上受到自己所創造文化的約束，甚至連死亡的方式也受到文化的約束了。

——原載「人類與文化」，第四期，民國六十三年五月

拾柒、與學文學的人談文化

這是我第一次跟學中文的人演講，我不知道該講什麼樣的題目才好，想了很久，也許和諸位談一談文化。但是一般來說，學文學的人，一向是被大家認為是最有文化的人，那麼今天我反而要和最有文化的人談「文化」，也許會有班門弄斧之嫌，但是好在我今天要和諸位所談的文化是從一個特別的角度，也就是要從人類學的立場來跟諸位談的，所以也許和你們所有的文化的觀念不怎麼相同。

人類學，尤其是文化人類學是以「文化」為其研究的領域，人類學所說的文化相當的廣泛；它把人一方面看作是生物的，另一方面又看作是有文化的。換而言之，它認為其他非人的生物和人的差別就在於人有文化，而其他非人的生物卻沒有文化；其他的生物是以它的本能獲得生活所要的東西，但是人除開有生物的基礎之外，主要是靠他的文化、靠他所創造出來的東西來獲得他生活所必須的，所以我們所說的文化，包括人類營生一切必須的東西，這些包括可以看得見的物質的東西，同時也包括一些因需要營生而組成的社會關係，以及因此而產生的思想、觀念等統統都包括在文化的範圍之內，因此人類學所說的文化的範圍可以說相當的廣，我今天當然不可能在這裡和諸位談所有我們所說的文化。

今天我和諸位所要談的文化，是人類學家在研究文化過程當中所體會到的幾種關於文化的概念。也許明白的說有三種概念或想法，來跟諸位談。一方面我要介紹給諸位這些基本的人類學的觀念；另外一方面可說是副產品，也許可給你們學文學的人一點寫小說或文學創作的資料。

一、文化的全體性

首先，我要介紹的第一個人類學基本概念是文化的全體性。所謂文化的全體性是指文化是全人類共同創造累積起來的，而不是某一民族或某一社會所創造的，所以沒有一個民族或社會可以認為它的文化完全是它自己的；所有的民族都把它的文化貢獻到整個世界的文化裡邊去，只有從整個世界文化的觀點上去看它才會真正有意義，這是人類學家一個很基本的概念，也就是說人類的文化並不是某一個民族獨自創造的，而是全人類不同的民族共同創造累積起來的。要瞭解文化，必須要從人類全體去了解才有意義。這當然是非常抽象性的說法，我最好用一個簡單的例子或者是一個事實來說明這個命題。

人類文化進化過程中很重要的一件事是懂得如何栽種植物，因為懂得栽種植物之後人類才真正能夠自己生產食物而不為自然所限制。但是諸位要知道，栽種作物的發明並不是在一個地方出現的，而是分別在許多不同的地方出現的。大致說來人類栽培植物有七個發源地，這七個中心分別是西亞、東亞、東南亞、東北非以及南美洲的秘魯、中美洲的墨西哥和北美洲的密西西比流域。在這七個中心裡面沒有一個是在今天歐美文化——號稱為世界最高文化出現的地方，而今日西方的文明卻是基於這些最早發明栽種植物的文化，才能一步一步地發展出來的。所以說人類的文化是全世界許許多多不同的民族都貢獻出一點點（自然有些多有些少），然後匯在一起才成為今日人類全體的文化，這也就是我所強調的要談人類的文化不能談某一民族的文化，必須從整體的立場來看才有意義的。比如說，在七個最早懂得栽種植物的中心之中，西亞是最先培養大麥和小麥的地方，大麥和小麥是今日人類最重要的作物，而同時在這區域內最早被豢養的家畜則有馬、山羊和綿羊等。在東亞區域內最早被栽培的可能是小米和大米，家畜則有鵝和鴨。在東南亞則是很多塊根植物如芋頭等，以及香蕉的發源地，而同時被畜養的則有豬等家畜。在北非，最早種植的作物有高粱和小米（另一種小米），動物則有牛及駱駝。新大陸在被白種人發現以前也已有相當高的文化，不要以為他們對世界文化毫無貢獻，例如說今天在作物上佔很重要地位的甘薯就是最先在南美洲栽種的，其他如樹薯（casava）也是他們最先種植的，他們同時也畜美洲駝馬和駝羊。在墨西哥一帶的早期居民也為人類帶來了玉蜀黍、南瓜和很多種豆類的種植，同時也為人類開始豢養聖誕大餐所需的火雞！在北美地區也有很多貢獻，其中最為人知的是向日葵（葵瓜子很好吃）的種植。上述這些都是根據考古學家的發掘，古生物學家的研究，確認野生植物的種子在這些地方發現，然後在考古的遺址裡又出現這些穀類的種子，所以我們知道這些植物最早開始在上述那七個地方被人類種植，由野生而變為家生的（domesticated）。例如在西亞，大概距離現在不到一萬年的時問，也就是公元前八千年，就開始懂得種大麥和小麥。種植並不是很簡單的事，要經過一個很複雜的過程才能把野生的植物變成家生的植物。這些都是各民族在那個地方進行這種繁複的過程，把野生的植物變成為家生的植物，然後把它的這個發明貢獻到整個人類的文化。假如沒有這些前驅者，我們今天就沒有辦法生存在這個世界。世界的文化是一點一滴由各個民族共同貢獻，而不是歐美文化一下子就成為最高的文化，它的最高的文化是建立在全世界每一個地方都貢獻它的一部分，然後匯集而成的。讓我再詳細說明小麥種植的故事：英文裡小麥叫做 wheat ，學名是 Triticum aestivum ，這種小麥的染色體是二十一個，與野生的小麥不一樣，而這種家生的小麥是根據兩種野生的小麥的混合而來的，就是 Einkorn 和 Emmey 二種，這兩種野生的小麥現在還可以在西亞，土耳其南邊，以及在伊拉克的山區找到，早期的人就把這兩種野生的小麥配種，才產生現在我們所吃的小麥。Einkorn 這種小麥的染色體是七個，Emmery 這種小麥的染色體是十四個，這兩種小麥的染色體加起來以後才產生一種新品種的小麥，有二十一個染色體。就是剛提過的現有的小麥 Triticum aestivum。現有的小麥和原種的小麥有很多差別，但是最重要的一點就是現生的小麥到了成熟的時候，種子不會掉下來，所以成熟了以後就可連根割掉，帶回家再把殼粒打下來。但是，七個染色體和十四個染色體的野生小麥到了成熟的時候，種子會自動掉下來，這就對於人類沒有太大的用處，因為那得我們一粒一粒的從地上撿起來，那要費許多功夫。可是把這兩種野生小麥交配後所產生二十一個染色體的新品種小麥，成熟後穀粒連在穗上，割了以後就可收成，實在方便很多。人類的把這種野生植物變成家生的植物或可栽培的植物，是經過一條很長很長的路的。那個時候沒有科學，不知道七個染色體，十四個染色體這一回事，要經過許多的試驗和種植才慢慢的知道與選擇今天所種植的小麥。像在西亞就是如此，大麥、小麥的成為人類的作物都是經過很長久的和自然環境的奮鬥、才能夠完成把它變成是人類文明的一部分。而這種過程是費了早期人類很長期的時間完成的，只有在這一基礎上，才有今日科學文明的出現。所以我和諸位要說明的這一個基本的觀念，就是我們對於整個人類文化的了解要從全人類文化的觀點來看，而不要認為今天西洋的文明是最高超的文化，以為這全是他們自己所創造的，認為他們是最優秀的民族，他們是整個世界主要的文化。事實上不是這樣的，我們要了解全人類的文化，是要從整體去看，每一民族、社會都貢獻一點，慢慢累積才成為今天人類的文化。我們中國在早期種植物與豢養家畜的歷史上也有我們的貢獻，後期我們對於整個人類的文化不可否認的也有很大的貢獻，但是西洋人在早期對於整個的文化卻是一點貢獻都沒有，所以對於全人類文化的了解，所應有的觀點是人類的文化是一個共同的文化，是集合全世界不同民族的文化在一起的，不是某一個民族單獨的文化，而要瞭解世界的文化，就必須從全體的立場去瞭解才對。

二、文化的可塑性

其次，我要和諸位談的第二個概念是文化的可塑性，也就是要談文化對於人類行為的塑模（patterning）力量。人類創造了文化，人類因為有文化使得和別的動物不同，人類有了文化以後可以幫助它來控制自然、得到更多生活所需要的東西，使得人類的生活比其他動物的生活更舒服、更有保障。但是，文化也是一個很奇怪的東西，人類創造了它，但倒過來卻又被文化所約束。人類有它生物的基礎——生理和心理的構成，但是卻和動物不同，動物的行為、一舉一動都是由本能而來，而人類的行為卻受文化的約束，越長久約束力量越大，因此人類行為表現在本能的部分是少之又少，不是完全沒有，但所表現的部分是一種文化對於行為約束的力量。不同的文化對於行為有不同的約束力量，因此每一個不同的民族所表現出來的行為就和另外一個民族不一樣，這個就是我所說的文化對於行為塑模的力量。下面我要舉出一些例子來說明這個觀念的意義。

我們從最簡單的說起，同一種生物，兩個個體遇見了，如果是很熟悉的，互相知道的，例如狗、貓等，他們一定彼此打招呼，表示友好，會搖尾巴，只要是同類，他們示好的方式都一樣。但是人類卻不一樣，同樣是人，表示友好、打招呼的方式卻不一定一樣，這是因為受文化約束的關係。西洋人碰了面表示友好就會握手；中國人或東方人碰面了表示友好是深深的鞠躬；另外的民族彼此碰面了可能會拍拍肩膀，或是擁抱在一起，又像南太平洋的毛利人（Maori）碰見了為了要表示友好或親熱就會用鼻子磨磨對方的鼻子。單單是表示友好，都只是一種態度，但是因為不同的文化約束，就使它表現不同，這個很明顯就是文化對於行為塑模的力量。又像西洋人表示親熱的接吻，現在全世界所有的民族都懂，但是諸位要知道，在十八世紀的時候，西洋文化沒有像今天這麼普遍，只有印歐民族是用接吻來以表示友愛。有一個英國人類學家，十八世紀的時候到南非洲做研究，在一個村落裡待了很久，有一個女助手是當地的女孩，他很喜歡她，想用接吻表示，那個女孩嚇壞了，以為他要吃掉她！由此可以看出不同的文化行為表現差別之大。

我們再深一步說，比如嫉妒，在各個民族表現的方式就不一樣，嫉妒的程度也不一樣，從中國人開始說，中國的男人是很不能容忍他的女朋友或太太有其他的男朋友，假如被對方發覺了，要引起很大的風波。但是在台灣南部的排灣族，住在屏東、高雄一帶的山區，他們在嫉妒方面的表現就和我們很不一樣。有一次我在那裡做調查的時候，正巧有一個婚禮。婚禮上有男男女女在一起喝酒、跳舞。我們發覺有一個女孩子獨自坐在圈外哭，不知道為什麼，而我們學人類學的看到任何現象都要問一問，我們就問為什麼人家行婚禮這個女孩要在旁邊哭呢？有些人不大肯講，有一些人就告訴我說，這個女孩子是新郎過去的女朋友。不一會兒，大家跳舞停下來，新郎拿了一杯酒走過來敬這個女孩，然後帶了這個女孩去敬每一個出席婚禮的人，統統敬完了之後才離開，還可以和真正的新娘敬一下酒。這是公開表示過去的一段已經結束了，另外一段才開始。於是我們又問假如新郎有許多女朋友時，是否都會來，同時假如是新娘有很多男朋友怎麼辦，他們說那也可以來參加婚禮，也可以哭，照樣可以一起和新娘向大家敬酒，向大眾宣告過去已結束，新的一段開始，而我們漢人則不可能如此。在不同的社會嫉妒有一定的範圍、一定的方式，他們用社會許可的方式來說明表白自己現在的角色是什麼。嫉妒是跟本能最靠近的東西，卻也是受文化的約束，一個社會可以容忍嫉妒到怎麼樣的程度，或不能容許嫉妒到怎麼樣的程度，每個文化都各有其界限，這是因為文化使得原來相同之生理基礎在行為表現上有所不同。這種因為文化約束的差異實在是可以看出每一個民族生活的各面，每一個民族都有它一套特別的生活方式、文化表現，甚至於把一些生物的基礎都掩蓋了。

下面我要談談今天演講最主要的部分，講男女之間的差別。男、女兩性的差別是有生物基礎的，男女在生理上有相當明顯的不同，但是現在我們所看到的男女的差別，不論在中國或西方，是有更多的文化性加於生物性之上，換而言之，我們現在所看到的人類社會男女之間的差別，文化的力量多於生物的力量。這些話如果給贊成新女性主義的人聽到一定很高興，但是我並不是特別說明這些要取悅於女同學（今天在場的女同學這麼多！）我只是要說明事情之真象。今日所看到男女之間的差別大半是文化的因素，單單生物的因素並不能造成男女之間如此大的差別。一般來說，總是因為男人身體強壯，肌肉發達，所以他就做一些比較粗糙、用勞力的工作；而女人因為身體比較柔弱一點，肌肉不如男人發達，所以就合適於在家做一些比較精細的工作，例如縫紉、帶小孩等，而男人則在外做些粗重的工作，例如打獵、打魚、種田、或者開大的機器。還有因為男人一些生理的原因，總比女人暴躁一點、侵略性大一點，至於女人總是比較文靜、依賴些，或者是比較不講話、溫順一點，上述這些都是我們對男女兩性固定的觀念。但是學人類學的人和其他學社會科學的人之間的差別，就是我們不以自己文化的約束為滿，我們找很多不同文化的例子來看，希望了解這種男女兩性的影像是不是普遍存於全世界，假如都如此的話，也許生物性較大，但是事實上並不如此，我們發現世界上許多不同的民族，他們男人和女人的個性表現並不完全如我們所說的。也許諸位知道，美國有一個有名的女人類學家 Margaret Mead，她在新幾內亞做調查的時候，發覺有三個民族分別是 Arapesh、Mundugumor、Tschambuli，距離相差不遠，但是由於文化的因素，在男女個性的表現上卻是差別很大。

第一個民族 Arapesh 居住在山區，男人和女人在性格和氣質上沒有多大差別，男孩子們從小就被鼓勵不要太好強、好欺侮他人，長大了在家庭中，男人也和女人一樣擔任家事、照顧孩子，他們很少爭吵，生活很平靜、安祥，感情都很豐富，只有極少數的不正常的人才表現侵略行為。第二個民族 Mundugumor，居住在河畔，是新幾內亞有名的獵頭和吃人的民族，因為文化的塑模，使得男人的性格不用說是極為粗暴，終日致力於宗教儀式和戰爭，而女人也和男人同樣地非常粗魯、好妒、自私而帶侵略性。總之，在 Mundugumor 族的人，無論男女都是「粗線條」的作風，表現強烈的氣質，而恰與上述的 Arapesh 相反。只有不正常的人才表現文質彬彬的樣子。第三個民族 Tschambuli，居住在湖邊。在這個民族中，男人是一家之主，為一父系的社會，但是女性才是生產者和勞動者，因此在表面上男人是這個社會的支配者，而在實際上，男人因為大部分時間花費在儀式生活中，整日整夜花工夫學習舞蹈、裝飾身體和吹笛求愛，以取悅於女性們，所以在性生活中，女人便成為支配者，女人遠較男人為主動，男人經常生活於表面的優勢而實際被動的衝突中。在這一社會中不主動的女人，或採取主動的男人都被視為不正常。上述我舉的這個例子就是要說明我們所認為男人應有的典型的個性，與女人應有的個性，實際上是因為文化的因素使然。在別的文化裡面，因為他們不同的兒童教養，風俗習慣不一樣，所以其男人與女人的表現行為，並不和我們所認為的男人、女人一樣，他們有其自己一套的文化模式，男女之間的關係也有他們的一套。由此我們可以看得見，人類最基本兩性之間的差別，並不是如我們現代化社會所有的觀念。我們的社會因為是男性的社會，所以有很多「特別」的觀念，這些包括：男人在多方面佔優勢，而女人為附屬男人之一部分，他們應該在家裡，比較文靜、服從、不主動；而男人應該是到外面做事情，比較粗糙、主動等等。可是這種情形並不是普遍見於全人類的現象，新幾內亞的例子就是最好的證明。現在，我要和各位說另一個有趣的故事，在人類學的文獻上經常看到一個字叫 Couvade ，一般翻譯做「產翁」，這是巴西亞馬遜河流域的一些民族的特殊風俗：當妻子生小孩之後，不是太太在家做月子，而是丈夫在家做月子。這實一種很奇怪的風俗，甚至可說是一種不很近情理的風俗，但是，新女性主義的人一定樂於聽到這一點，因為這是較合乎她們的理想：丈夫在家做家事，她們可以自由地到外邊。現在我暫且不對這個風俗的意義作解釋，讓我由這個產翁的例子進入到下面第三個基本的人類學的觀念。

三、文化的相對性

人類學家研究文化的另外一個重要的觀念就是說，要了解一個民族的文化，只有從那個民族本身的觀點去了解才有意義，假如不以他們的觀點，而以別人文化的觀點去看，經常會有偏見和誤會；「產翁」的風俗是一個例子，我們在不瞭解它的真正意義之前，會說它是不近情理。這就是文化的相對性，也就是說我們不應以自己文化好壞的標準來判斷別的文化，就是次文化（Sub-culture）也一樣。在整個中國境裡有好多省份，每一省份都有它自己的一套不太相同的風俗習慣，我們稱之為次文化，我們不應以自己一省的觀念去批評另一省的風俗習慣，覺得他們的風俗沒有意義、迷信、骯髒。我們對於別人的文化，一定要以那個文化的立足點來看才有意義，人類學家對於世界文化的貢獻，對人類前途的貢獻，最重要的就在於此一觀點上。就像對於產翁的例子，假如不以它那個文化的立場去看，是無法了解的，現在讓我說明產翁這怪風俗的意義。產翁這個風俗是一種宗教性的儀式，這種儀式帶有濃厚的象微性（Symbolism）意義，它代表一個人從一種身份地位轉變到另一種身份地位的過程，這種儀式一般稱為生命禮儀（Rite of passage）。所謂生命禮儀就是指一個人一生中通過不同階段時所舉行的宗教性儀式；一個人從出生到死亡的生命歷程中須經過很多人生階段或關口（Crisis），如彌月、週歲、成年、結婚、成為人父以至於死亡等，這些階段代表身份地位的改變或者引起與周圍人群關係責任義務的變化，一種新關係地位的出現，自不免有心理上的緊張或不安，為了使這種改變順利通過、減輕緊張與不安以達成目的，所以經常要舉行一種儀式，藉象徵性的儀式行為（ritual behavior）以協助順利通過，藉大家聚集在一起的場合，共同承認某些新地位的獲得。每一個民族有不同的生命禮儀，各有不同的著重點，很多民族著重於成年禮（initiation ceremony）的舉行，我國古代的冠禮即是成年禮的一種，因為從少年期到成年的階段非常重要，為了避免少年期的困擾，為了要使少年人能開始負起成年人的責任，所以社會要舉行隆重的儀式表示重視。有許多民族中，舉行成年禮時，少年人要被關閉在一個沒有人的地方，經過一段時間的隔離再放出來，象徵一種與舊的階段隔開，重新開啟另一新階段的意義。在亞馬遜流域的民族中，他們特別重視「成為人父」這個階段，因為有了兒子的人其社會地位和責任都很不同，他與周圍的人的關係也大大改變了，為了使他（作為父親的人）能好好完成這責任而不致於緊張不安，所以要舉行一連串的儀式，其中包括與他的新生兒子關在房子中隔絕人群。就像產婦做月子一樣，以表示他將與過去的身份地位「說再見」，等到關閉完了才以一種新姿態出現。明瞭了這儀式的象徵意義後，你們大概從此不會再說「產翁」是不近情理的風俗了吧。

象徵性行為（Symbolic behavior）在人類社會中是常見的現象，實際上象徵能力是人類之所以有異於動物的主要特性，也是文化之所以能累積傳遞的主要因素。你們學文學的人很喜歡象徵主義（Symbolism），下面我想再用一個象徵性行為的例子來說明今天我的演講中的第三個主題的意義。你們學文學的人很喜歡形容女人的長髮的美，那麼我就用女人的頭髮為例來談。在印度和很多其他民族中，都常用頭髮形式的改變來表示身份地位的改變，這是另一種象徵性的儀式，與上述的例子是「異曲而同工」。在印度，一個女孩剛出生絕不可把頭髮剪掉，一直留起來留得很長，並且要梳成很多小辮子，這種長髮是表示她的少女身份；等到結婚以後，婦女們不再梳辮子，並且可以把頭髮剪短一點，表示已達到成年人的地位。但是一個女人如死了丈夫，她就應該把頭髮剃光。表示其寡婦的地位。說到剃光的頭髮，你們一定馬上想到和尚。和尚也源自印度，和尚出家時也要把頭髮通通剃光。你們要問：同在印度一個地方，寡婦的剃光頭髮與和尚的剃光頭髮意義相同嗎？我的回答是肯定的，這兩種剃光頭髮是象徵同一種意義的。讓我慢慢說明這相同象徵的意義。印度人把頭髮看作是「性」的象徵，一個男人的頭髮只有兒童時代由母親梳洗，長大後梳洗頭髮完全是妻子或情人的權利，一個女人如肯替她的情人洗頭髮，就表示她已心有所屬了。同樣的女人的頭髮也不能為其他男人碰到，在深閨裡情濃的夫婦們常互相梳理頭髮以示愛，甚至認為是做愛的一部分。由於頭髮是象徵「性」的東西，所以和尚出家後要剃光了頭髮以表示與「性」絕緣的行動，同樣的寡婦剃光了頭髮也是表示她的丈夫死了，她不能再有「性」的行為了（最少在某一段時間內）。少女們留了長頭髮，則表示她未婚的地位，對性的行為表示一種相當的限制，結過婚的婦女，可以剪短頭髮，表示在某一範圍內有相當的「性」行為的自由。從這樣的象徵性行為，假如不從那個民族文化的深處去瞭解，那麼你會認為他們的風俗是不近情理的，但是一經說破，你們也會覺得很有意思，甚至覺得可以欣賞這些奇風異俗所蘊含的內在意義了。人類學家並非真正對奇風異俗有興趣，他們興趣的是奇風異俗背後所象徵的東西，瞭解了這些背後的象徵，你們就會體會到用別人的想法去批評他一文化他一社會的行為是多麼不公平和危險的事。今日世界紛爭不息的原因，多半源自於種族和文化的偏見，假如大家都設身處地以瞭解別人、忍耐別人、容忍別人，那麼這個世界才有光明的前途。

——民國六十三年十一月一日在臺大中文學會講

拾捌、少數民族與精神健康

Reality and Dream: Psychotherapy of a Pains Indian, by George Deverux. Garden City, New York: Doubleday & Co. Inc., 1969, xiv +613pp.

這是一本舊書的新版（原版年代為一九五一。新版書除去一篇新序外，內容亦有若干增改）；這本書不但值得再版，而且也值得寫一篇推介的文字。

作者 George Devereux 是一位人類學家，同時也是一位心理分析學派的臨床精神醫學家，或者更時髦地說，是一位民族精神醫學家（Ethnopsychiatrist）。這本書是他治療一位深受現代文化影響的印地安精神病人的全部紀錄，以及分析研究的報告。我在這裏所要介紹的，自然不是他如何治好這位印地安病人的過程或方法（我是一個學人類學的人，而不是一個精神科醫師），而是 Devereux 在他研究分析中所發揮出來的一套文化、人格與精神病患之間關係的理論，以及在文化交錯（transcultual）情況下，如何維護個人及社群的精神健康的問題。人類學家之所以與精神疾病和精神健康的問題連上關係，是因為自三十年代以後人類學領域中「文化與人格」（culture and personality）理論的發展所致，「文化與人格」學派的基本理論認為：「人格」固然是以生物性的存在為基礎，但其塑模與形成卻大部分是「文化」的力量。一個文化不但塑模了其成員的人格特徵與趨勢，而且規定了其成員感受精神病在質與量上的可能範圍。一般而言，患精神病的原因除去明顯的是因神經系統先天性或後天性的損毀外，主要的是由於外在的文化社會壓力加諸於個人身上，而個人心理狀態不能承受這種壓力，乃產生矛盾、衝突、憂慮的現象；這種矛盾衝突不能以適當的方式予以解決時，個人便無法維持精紳的均衡，因而產生異常甚至於崩潰的現象。文化在此一過程中扮演了很重要的角色；文化不但限定了外在壓力的種類與大小，同時也限定了其成員對外在壓力感受的程度；不同的文化經常有不同的防衛方法協助個人抵抗外在的壓力，因此不同的文化中精神病患的比率便有不同；不同的文化也經常因為內容與結構的不同，致使若干種類的精神疾病較易於出現，甚或鼓勵若干特殊精神病的形成。換言之，文化就像一面篩子，存在於外在壓力與個人人格之間；這一面篩子，一方面協助個人防衛壓力的侵入，以免引起精神疾病，但一方面卻又限定了精神疾病的數量與型式。文化人類學家與精神醫學家所共同涉及的問題便是這一過程，而他們共同興趣的項目則包括如下各種：

（一）**文化形成防衛機構的問題**：每一文化都有其特殊的設計（device），以協助個人抵抗外來的壓力，以免引起心理或精神的不正常現象，這種設計可能是特殊的社會形態，可以使壓力消弭於未然，也可能是一種特殊的思想或精神叢結，可以使個人心理或精神的矛盾衝突昇華或消弭於無形。

（二）**精神病症在各民族文化中不同頻率的問題**：因為文化所形成的防衛方式有異，有些文化的防衛方式較為成功，所以其精神病例便較少；反之，精神病例則較多。這不僅是理論上的問題而且是實際上的現象。同住在新加坡和馬來半島的三種不同民族：印度人、中國人和馬來人，他們之間精神病患的比例差別是四：二：一。夏威夷島上六種不同民族精神病患的比例也是大有差別的。

（三）**不同民族精神病種類的不同以及特殊精神病例的問題**：以精神分裂症（schizophrenia）為例，歐洲人、非洲人和亞洲人在疾症的表現上便有很大的差異；精神抑鬱（depressive disorder）的現象，較少見於初民社會及發展中的社會，也是常被提及的例子。至於不同民族出現特殊精神病症的例子，有許多是人類學家和精神醫學家所樂道的，例如 Chippewa 和 Ojiwa 印地安人的「冰心食人」症（witigo psychosis），馬來人的 amok 、latah 、中國人的縮陽、海地人的 voodoo、日本人的 shiukeishitsu 等，都是帶有特殊文化或地方色彩的精神病症。

（四）**精神異常與正常的問題**：不同文化不但出現不同的精神疾病比例和類別，而且他們對精神異常的標準也頗有不同；在某一社會認為是精神異常的狀態，在另一個社會則可能認為是正常的。十九世紀時代歐洲上流社會女子所流行的 hysteric 式的昏倒，在當時是一種風尚，現在看來是一種病態了。東亞的很多民族（包括中國人在內）經常利用精神異常的人作為神媒（spirit medium，亦即與神交通的人），在這些民族中，此類神媒不但不認為有精神異常的狀態，而認為是具有特殊能力的人，並且反而可以為別人治病。

（五）**精神健康與泛文化精神醫學**（cross-cultural psychiatry）：既然文化就像一面篩子一

樣，環繞在個人的周圍，一面防衛，一面選擇個人所能感受的精神疾病，所以也只有通過這篩子的結構組織，才能對其成員患染的精神疾病加以有效的治療，這是泛文化精神醫學的特點。換言之，精神疾病在某種情形下可看作是「相對性的疾病」，因此只有經由該文化原有的設計，才最易克服患者身心的困難，而達到治療的意義。但是站在全人類的立場看，每一文化亦有其不理性的成份存在，特別是在急遽變遷的環境下，外來文化對土著文化的衝擊，其間所引起的變化至為激烈，個人心理生活所產生的衝突也最為明顯。一個社會如何在外來與固有文化之間有所取捨，以維持其成員的精神健康，不僅是精神醫學者所注意，也是所有社會科學家所關心的問題。

George Devereux這本書雖以治療一個印地安人精神病者的過程為主，但實際上其基本理論架構也就是上述所論各點。Devereux 所治療的印地安人是平原印地安人（Plains Indian）的一族，為了要替他的病人保守秘密，他用了狼族（Wolf）一假名以代稱此一病人所代表的族名。此一平原印地安狼族的患者，生長於傳統的印地安村落，但長大後卻與白人接觸甚多，並應徵為軍人到歐洲，因此受到白人文化的影響很深；他的精神病也就是由於身處兩文化之間而引發的。這種處於兩種文化之間的衝突，作為一個文化的弱小者，是應傾向於高文化的認同，或者回復到他原有文化的範疇去呢？Devereux 認為，至少站在精神醫學者的立場而言，應該讓患者恢復本來的面目，所以在整個治療的過程中，他不但著重於使患者恢復狼族傳統的自我，而他治療的方法甚至借用平原印地安人的傳統文化設計。傳統的平原印地安人的人格特徵之一是易於幻夢；幻夢實際上是一種文化所鼓勵的防衛機構，用以使個人抵禦惡劣環境所加的壓力。每一個平原印地安青年在成年之前都努力找求幻夢，甚至用各種不同身體受苦的方法以求夢幻。在夢中所見的事物，多被認為是神的指示；夢幻越多，即是神的關心越厚，有了神的保護，平原印地安人才能勇敢地成為族中的戰士。平原印地安人把夢幻中所見的事物都認為是真實的，經由一些年老的解夢者，他們就能以夢中所見賦之於現實的施行。Devereux 即是利用這一平原印地安人的防衛機構，協助他的精神病者克服困難。這種印地安病人的特殊病況之一是愛作惡夢，Devereux 就以一個解夢者的地位，引導病人藉夢中的啟示以克服現實的困難，所以他用現實與夢想（*Reality and Dream*）作為他的書名。

從這一治療過程看來，一個精神科醫生在處理少數民族的精神病患所應有的立場，以及他對於被治療病人的文化背景的瞭解是多麼重要。今日在美國境內，少數民族的問題正是所有社會混亂的基本原因。除去黑種人外，印地安土著、波多黎各人、古巴難民以及南方的墨西哥移民都各自成為問題的一面。如何使這些少數民族在兩種文化衝突之中得到調適，以維持其精神的健康，該是許多問題的關鍵所在；但是對於那些不調適者，那些因衝突挫折而產生精神異常的人，精神醫學家對他們的治療和對他們的責任是什麼，Devereux 這一本書，提供我們一個很好的解答。

——原載「美國研究」，第二卷，第二期，民六十一年六月

拾玖、菊花與劍中譯本序

一九二四年冬天，Ruth Bendict 寫給她的同行與知友 Edward Sapir 一首詩：

Our task is laughter, We must learn to wear
Its farthest implications in our souls,
And fashion our years out of the mocking flare
Of ultimate drolleries. Who else cajoles
A greater wisdom from the rotting years?
Who else inherits earth's two hemispheres?

從這一首詩裡我們可以看到 Bendict 對人類責任的體會以及對於人性本質追尋的熱忱。對於學人類學的人來說，Ruth Bendict 是美國人類學史上首屈一指的女人類學家，這是大家都熟知的事實，但是很少人知道，她也是一個出色的詩人；不只是一個詩人，「她本身就是一尊優雅的柏拉圖式的詩神」。我們要從 Ruth Bendict 的人類學著作中去瞭解她的思想實際上是不夠的，我們同時也要從她詩人的氣質去體會，才能真正瞭解她的人類學思潮。

Ruth Bendict 一生中有二本最著名的書，一本是《文化的模式》（*Patterns of Culture*, 1934），另一本就是這裡所譯的《菊花與劍》（*The Chrysanthemum and the Sword*, 1946）。這兩本書在外表上看來雖頗不相同：一本是通論性的，一本是分析一個特定文化的。可是若細從內容上去瞭解，我們可以發現二者之間有一共通點，那就是作者在刻劃分析一個文化時，都企圖說明每一個文化都有一個主題，以這個主題為中心而後表現出該文化外在的習俗、制度與行為，這就是她所說的文化模式。在《文化的模式》一書中，我們知道她用「日神型文化」（Appollonian）來描述朱尼印地安人（Nuni Indian）的嚴謹自律的文化主題。而用「酒神型文化」（Dionysian）一詞來描述瓜求圖印地安人（Kwakiutl Indian）的粗暴與衝動的文化主題。在本書中。讀者們也可以很清楚地看到，她也同樣地企圖用「菊花與劍」的內涵來說明日本民族的雙面性格。

Bendict 女士之所以喜歡用蘊含默示的方式來描述文化，並不是偶然的事，實際上她是以詩人的感情與氣質去體會文化的巧妙內容，而企圖借用詩的形式和簡潔的詞彙來道出文化的精華；從這一點上而言，她已不僅是在描述文化，她是在欣賞文化了！

對於受過嚴格社會科學訓練的人類學家來說，Bendict 的這種文化模式研究實在有失於太印象化、太籠統化了。對於現代行為科學家而言，要追求人類行為與文化的通則，一定要做到客觀的分析，最好要有量化的素養與決心，若以這樣的標準來衡量，Bendict 的研究自然與之相去有一段相當的距離。可是，從另一個角度看，文化的研究與自然的研究到底有所別；對於物的世界的研究，我們可以不具感情而以絕對客觀的態度來處理，但是對於人所創造的文化，除去分析研究之外，具有一種欣賞的精神也許是不可缺失的。因此，我們假如把 Benedict 女士這本名著看作是科學與文學的混合，那麼我們對它的評價就大有不同了。這也許是這本出版於廿多年前的書會被翻譯的原因，同時也是我樂意為譯文寫序的原因。

譯者黃道琳君是臺灣大學考古人類學研究所的學生。他在進入我們這個研究所之前，畢業於臺大外文系，是一個具有很高的文學修養和豐富感情的青年，所以是最合適於翻譯這本具有文學氣質的科學著作。黃君在翻譯本書之初，曾徵詢我的意見，我也鼓勵他趕快開始。我覺得他能把豐富的感情用之於學術名著的譯述，應該是很值得的事，這是我樂意於寫序的另一原因。

李亦園　寫於民國六十三年四月一日

臺大考古人類學系

貳拾、廿年來我國人類學的發展與展望

要讓一個學人類學的人在很多行為科學家之中談人類學本身的事情，是一件相當困難的事，其原因有二。

一、雖然人類學被承認是行為科學的三個核心科學（社會學、心理學、人類學）之一，但是我們學人類學的有個自覺，人類學在這三個行為科學的核心科學當中，是一個最不發展的科學。要在其他的行為科學家或社會科學家面前，談這個較不發展的學科，實是一件困難的事。

二、人類學一般被認為是研究「野蠻人」的，因此他們研究的內容大半不被一般學者所了解。甚至社會科學家及行為科學家們對人類學所研究的也頗有隔閡，所以談起來也就很費力了。下面我希望儘我的可能，來說明人類學本身發展的情形。

中國的人類學可說開始於一九三〇年左右。在一九三〇年前後，我國人類學可分成兩個派別，一個是以北方的燕京大學社會學系為代表，一個是以南方的中央研究院為代表，這兩個派別有一個基本上的很大差別，就是燕京大學的人類學，是比較偏向於一般社會科學這一面，而中央研究院的人類學是比較偏向於人文學的，這是一個歷史的傳統。而現在臺灣的人類學，可說與北方燕京派的人類學沒有太大的關係。臺灣現在的人類學完全是以南方中央研究院為中心而發展出來的人類學，所以在基本上，臺灣現在的人類學，二十幾年來的發展與人文學有密切的相關，這是傳統上的關係。

中央研究院移到臺灣來以後，若干學人類學的學者在臺灣大學創立了考古人類學系，幾乎是把中央研究院人類學的傳統移到考古人類學系來，我自己也在這個系畢業，受這個實際上是偏向人文學方面的人類學的影響。假如我們要照剛才主席所提到的五、六點行為科學的標準來看，則很難說我們現在的人類學是否已進入行為科學的範疇之中。實際上仍有很多學人類學的人，不承認它是行為科學的一部分，或甚至於不承認是社會科學的一部分。因為他們是偏向於人文學的，他們的興趣不在追求 regularity 或原理原則的，他著重於創造，重視文學或技藝及其他方面的研究，所以跟主席所提到的用幾個特徵來界定行為科學是不同的。這中間的不同，如用人類學的話，是這樣說明的：人類學是研究文化的。假如是行為科學的人類學家，他應該是說要找出文化對於人類行為的塑造的力量及情形，這樣的人類學才合乎剛才主席所說的行為科學，但是我們仍有若干同事，他們並不如此想，他們把文化當做是一個像 superorganism 的一種超有機體來看它。把文化本身當做一個被研究的對象，像是文化可以離開人而存在一樣的，而不把它當做是一個行為的指標（indicator）來看。他們之中有的甚至不叫自己研究的是人類學（anthropology），而稱之為文化學（culturology）。像這一類的學者是把文化當做一種 superorganism 來看，把它當做是一個超越人類的，而忘了說文化是人類行為的指標。所以這一方面的人類學家，就不能歸納在行為科學範圍之內。只有自研究文化是為著要了解人或為著了解行為這個層次來看，才能合乎行為科學的人類學，或是從研究文化如何塑模人跟他的行為這個層次來看，才能算是行為科學的人類學。但是在人類學裏，到了現在還有不少人研究文化，並不把它當做行為的指標來看，而把它看作是研究文化本身。所以從開始到現在，把這種偏向於人文學的研究轉向於行為科學時，在人類學界是經過一個很長久艱苦的奮鬥。

現在臺灣的人類學系可以說只有一個半學系，就是臺大考古人類學系與政大民族學系（原名政大民族社會學系），因為後者是民族學與社會學合在一起，所以只能算是一半。在研究機構方面，實際上也只有一個半，就是中央研究院民族學研究所與歷史語言研究所，後者只有一部分研究人類學，所以說只有一個半。在出版的刊物方面，有三種純粹人類學的定期刊物：

一、最早的是臺灣大學的考古人類學刊，現在出刊到第三十二期。這是純粹人類學的，當然包括人類學裡的支門，但並不純粹是文化人類學的，也有體質人類學、考古學、語言學等。文化人類學只是人類學裡的四分之一，還有四分之三，包括：體質人類學、考古學及語言學，這也是我們這門學問的基本困難所在。

二、是中央研究院民族學研究所的集刊，可說是比較屬於純粹文化人類學的刊物。

三、是中國民族學會的學報，出了三期，後來就改成了通訊，但是陸陸續續的還有一些關於文化人類學的文章。

以上三種是比較屬於純粹文化人類學的刊物，當然還有其他的，如中央研究院歷史語言研究所集刊，它也刊登一些關於文化人類學的文章。再如政大的邊政學報、邊政年報，這些也有一些文化人類學的文章發表。現在讓我以民族學研究所集刊為例作一說明：它是年出二期，至今已有十六年，在這三十一期中有二百一十三篇文章，而從第一期至十期的第一個五年中，以嚴格的方法來算，只有二篇是屬於行為科學的文章。從第十一期至第二十期有六篇，從第二十一期至第三十期，也只有十五篇。由此可知，以民族學研究所集刊這個最純粹的刊物來看，真正合乎行為科學標準來分類時，是從第一個五年的二篇，到第二個五年的六篇，到第三個五年的十五篇，可以說慢慢的進步並趨向於行為科學。我們所裡的同事，近幾年來的確想把人類學推向於行為科學，比較遠離人文學的這個方面。但在這過程中，我們所遇到的困難是非常多的，而我們今天所要說的，並不是像黃教授那樣說出各部分研究的成就。實際上你們可以看到將人類學劃入行為科學來談時，它的成就是非常有限的。而我今天要談的是比較著重方法論，就是把人類學的研究推向行為科學的過程當中，自己覺得在方法論上面所引起的問題，特別提出來一談。我想分成三、四點，用較簡單的話來說。

一、人類學家在方法論上的特點，是強調說他們的 approach 是 holistic（全貌性的）。因為人類學家先假設一個社會裏的每一個因素、制度、文化成分等是非常緊密的扣接在一起，好像一個有機體一樣，他們認為研究一個社會，應該是從各方面來看它，有一個全貌性的看法，同時還有一個基本的假設，認為他們的研究是以全人類（不管是文明或野蠻人類）的行為做為他們研究的範圍，他們的想法是要發現所有人類（不管文明或是野蠻人）的行為的不同幅度（range）；幅度越大，他們認為可發現的變項（variables）越多。因此，他們研究一個社會或研究一個民族，總是喜歡從高的地方來看它整個文化的各方面，並且對於文化的各方面都有興趣；像一個紙簍一樣，所有的各方面的材料都撿起來。這點從我們人類學家的立場來說，有其對的地方，只有從holistic 的看法，才能發現人類行為的幅度有多大，才能儘可能地發現人類行為的變項。你假如不把變項多發現，你在研究的過程中便可能忽略了很多重要因素，這一點是我們最基本的假設。但對於其他行為科學家，最可批評的一點是人類學者太貪多，他們一來十幾個或二、三十個變項，把它們集中在一起，根本無法像其他行為科學家作因果關係的分析，更談不上把變項做適當的控制，無法控制時，他們所作的研究即使有一點因果關係，也是在重重假設、重重的 conditions 之下所得到的，說了也等於沒有說，這點是人類學在研究過程中在方法論上面與其他行為科學家經常不能配合的地方。換言之，行為科學家批評人類學家的主要是他們太籠統化，不能針對某些特定的問題來作研究，因此效果極為有限。這是人類學深深自己覺得在方法論上與其他行為科學家有距離，在作研究的時候有不同的地方。

二、人類學家作研究的方法，平常叫做 participant-observation （參與的觀察），從早期的英國人類學家開始，一直到現在，他們研究所做的工作都是如此的。其特點就是長久的在研究的地方居住，甚至於參加進去。嚴格的英國人類學家的研究，要求一個人類學家在一個村裡最少要住一年，一年半，長久的甚至於三年。而我們最近做的研究，我們自己是中國人，研究臺灣的農村最少也要住半年。如文崇一先生最近在關渡作研究，也是整整住了半年，我前幾年在彰化作研究，住了七個月，在馬來亞一個小鎮上住了六個多月，前後兩次。這種情形是人類學家特別的研究方法，他們長久的住那裡，而且參與進去，變成他們中間的一部分。這是人類學家的特點，人類學家經常批評社會學家或心理學家，說你們拿了一個問卷，跑到一個生疏的家庭去，請他們填寫表中的問題，他們有空就多寫一點，沒有時間根本就不理而隨便填填。人類學家自認為在研究的時候，得到的材料在效度（validity）上面要比社會學家及心理學家用問卷（questionnaire）的辦法有效度得多。因為他們長久參加，而所得到的材料的確是他們親身的很可靠的資料，而它不只是一些表面的資料，甚至於把人家最隱私生活的材料描寫的很精采。可見人類學家這個辦法，在對於收集材料的效度上面是很有效的，最少可以說比用問卷調查在一個很短時間來蒐集材料，在效度上是較高的。但是這個方法諸位都知道也有它的缺點，人類學家可以在一個小村子裏面住半年，一、二年來了解這個村子，甚至於可叫出每個人的名字及知道各人隱私的事情，但他就無法把這個方法用來研究一個城市，更沒辦法研究一個大的國家的問題，因此在方法上就有他的缺點，那麼你們可以說：他們研究的範圍是全人類的行為，他們一直是將老套用在一個比較原始的民族或簡單鄉村裏面，他們沒有辦法研究大的城市或研究比較大的社區，那麼在這種情形他們憑什麼敢說他們所研究的是全人類的行為呢？

三、人類學家蒐集材料的時候，經常用他們喜歡的一種辦法叫做深度訪談（depth interview），他對於要訪問的人，沒有一定的表格，想到那裏就談到那裡，而所要談的，要問的範圍非常廣，有關那個村子生活的情形，他都把它們蒐集記錄下來，沒有一定問題發問的方式，即使有，也是很簡單，很有限度。在這裏我必需先說明一點，在一般社會科學用的蒐集材料的方法當中，可以包括如下表所列的幾種：

（1）自由聯想 free association
（2）深度訪談 depth interview （or unstructured interview）
（3）半結構訪談 semi-structured interview
（4）有結構訪談 structured interview
（5）正式測驗 formal tests

這幾種方法，如依它們按集材料的信度（reliability）來看，則自上而下逐項增強；換而言之，用 free association採得的材料信度最低，而 depth interview 其次，而依序以 formal tests 最高。所謂信度（reliability），也就是指其能作重覆（repeatibility）搜集的程度。由此可知人類學家所慣用的 depth interview，在信度上僅較精神醫學家所用的 free association 高，這是人類學在方法上的另一大缺點。這不僅是理論上的，而且是實際上的問題，人類學界裏發生過好幾件這樣的事情。如芝加哥人類學大師 Redfield，在墨西哥的 Tepoztlan 地方做過長久的人類學研究，他所得到的材料寫成一系列很有名的書，成為人類學的經典書。但是經過十幾年之後，另外一個很有名的人類學家 Oscar Lewis，再到同一個村子裡作研究，但他所得到的材料完全跟 Redfield 的相反。例如 Redfield 說：這個村子是一個充滿著合作、愛好和平、很友愛的民族。Lewis 卻說：Tepoztlan 的人是互相猜忌、不合作、互相爭鬥的民族。這樣就像不同的兩件事情。由此可看出人類學家所用的 depth interview 非常的主觀，所以他所得到材料在某一方面是缺乏科學標準，就是 repeatibility 可重複性很低，這一點使人類學家受到行為科學家最大的批評。在方法論上，我們既然受到的批評這麼多，所以我們最近這幾年努力要把人類學推向社會科學或行為科學的路上，假如我們要往行為科學的路上走，是應該在方法論上多做努力的。但在努力的過程中有一點要問的，假如人類學家完全採用行為科學家的方法，那麼人類學家是不是要放棄自己科學的特色，完成變成其他行為科學的一部分了？其實並非如此，人類學一方面採用行為科學的方法，一方面仍可以保有其科學的傳統特色，這種特色就是從文化的觀點來瞭解行為。最能表現行為科學方法，但又有文化觀點的研究，那就是泛文化比較（cross-cultural approach），因為人類學家是把全世界不同的民族做為研究的對象，來比較不同的民族在不同的文化情境之下對於行為塑模的可能性是怎樣的，有了這個觀念，不但可以得到相當的結果，而且很重要的一點，即幫助其他社會科學家解決問題，泛文化的比較辦法可以看作是一種類似的實驗研究。不同的文化總有一些相同的因素，這些相同的因素，我們把它們看成是控制的部分，然後比較不同的地方，例如應用一個叫Human Relation Area Files的檔案庫，我們可把全世界不同文化的材料蒐集在一起，而就某些項目作比較研究，並利用統計方法以證明其相關，這可以說是一種自然形成的實驗設計，補充了不能利用人來作實驗的缺點。

現在臺灣的人類學界，尤其是年青這一輩，都希望把人類學帶上更科學的路，希望能與其他的行為科學家配合在一起作科際綜合的研究；我們願意向其他行為科學家多學習，同時也希望他們尊重我們學科的特色。

——原載「思與言」，第十卷，第四期「廿年來我國行為科學的發展與展望討論會」講

民國六十一年十一月

國家圖書館出版品預行編目資料

人類學與現代社會 / 李亦園著.
初版. -- 臺北縣永和市：Airiti Press, 2010.7
面；　公分
參考書目：面

ISBN 978-986-6286-06-3（平裝）
1. 文化人類學　2. 社會人類學

541.3　　99001759

人類學與現代社會

作者／李亦園
總編輯／張芸
責任編輯／古曉淩
版面構成／吳雅瑜
封面設計／吳雅瑜
校對／李璐

出版者／Airiti Press Inc.
臺北縣永和市成功路一段80號18樓
電話：（02）2926-6006　傳真：（02）2231-7711
服務信箱：press@airiti.com
帳戶：華藝數位股份有限公司
銀行：國泰世華銀行　中和分行
帳號：045039022102
法律顧問／立暘法律事務所 歐宇倫律師
ISBN／978-986-6286-06-3
出版日期／2010 年 7 月初版（本書在此之前由水牛圖書出版）
定　價／新台幣 NT$ 420 元